KINZAI バリュー叢書

ゼロからわかる

コンプライアンス

宇佐美　豊［著］

一般社団法人金融財政事情研究会

はじめに

本書は平成22年に出版した『コンプライアンスべからず集』の内容に4つの事例を追加し、今回新たに『KINZAIバリュー叢書　ゼロからわかるコンプライアンス』として発刊させていただきました。

『コンプライアンスべからず集』は若手の行職員がコンプライアンス上注意すべき事例をわかりやすく解説し、コンプライアンスへの理解を深めることの一助になればとの思いがありました。

発刊後いろいろな地域金融機関のコンプライアンス担当者から「行員の教育の参考にさせていただいた」等多くの励ましのお言葉や感想をいただく一方で、「直近の事例を紹介してほしい」「事例を整理してほしい」といったご要望等のお言葉も多くいただきました。

そこで、今回の発刊にあたってはこうした意見等もふまえ、

・インターネット等の事例を追加
・事例を「個人情報漏えい・守秘義務」「コンプライアンス」「横領」の3つの章とする

といった変更を行いました。

ただし、各事例の形式は『コンプライアンスべからず

集』をそのまま引き継ぎ、「事例」「ちょっと待った！」「その後」「では、どうすれば？」の４つで構成することとして、むずかしい言葉をできるだけ排除していることになんら変わりはありません。

これまで同様、各金融機関のコンプライアンス教材とあわせてお使いいただければ、行職員の皆さんのコンプライアンスに対する理解をより深めていただけると思っております。

なお、本事例はすべてフィクションであること、本書における意見等は筆者の個人的見解であり、その責任はすべて筆者が負うべきものであることをお断りしておきます。

本書が各金融機関のコンプライアンス・マインドの涵養にお役に立つことができれば、筆者にとってこれほどの喜びはありません。

最後に十六銀行の堀聡郎常務取締役、廣瀬公雄氏ほか、日頃からご指導・ご支援をいただいている皆さまにこの場を借りて厚く御礼申し上げます。

また、発刊に際して一般社団法人金融財政事情研究会の田島正一郎氏から適時な助言をいただきましたこともあわせて感謝申し上げます。

平成25年６月

宇佐美　豊

目　次

［イラスト：中島泰代］

第 1 章

個人情報漏えい・守秘義務

1 スマホからのSNSへの書込み

入行（庫）3年目のA君はいつものようにお客さまのところを訪問し、現金集金や定期預金の継続など、日々の仕事をこなしていました。

2年目ともなると、ある程度目標、いわゆる「ノルマ」もあります。

最初の頃はやさしかった上司や先輩からも最近は、「「ノルマ」達成のためにどうすればいいか考えろ」といわれ、それなりにストレスとプレッシャーが徐々に強くなってきました。

そんな彼のストレス発散は「ネット」、それも「SNS（ソーシャル・ネットワーキング・サービス）」への書込みでした。

こうした書込み自体は就職前からやっていましたが、その頃は「今日の食事」とか「趣味の話」といった他愛もないものでした。

その点は就職してからも大きく変わっていませんでしたが、最近は少しずつ仕事の愚痴を書き込むことが多くなりました。

当初は「今日は雨、合羽を着てバイクはつらい」「仕事のことでお客に怒られた。俺は悪くないのに」といった他愛もないことを書き込んでいました。

その日はＡ君にとって最悪の日でした。

今期の最大の目標であったα社への融資の話について、先方から断りの電話がありました。早速、α社にお伺いしたところ、先方の部長から「本当はＡ君の提案でいこうと思っていたのだが、Ｘ銀行の提案もそれほど遜色がなかった。でも、社長が決めた最大の要素は決定のスピードだね。もう少し、Ａ君が迅速に動いてくれれば何とかなったと思うのだが」

「でも、部長、その件は来月でいいとおっしゃっていませんでしたか」

「いや、この間、君が研修に行っているとかで連絡がとれなかった時に、至急で回答してほしいと伝言をお願いしたはずだが」

結局、融資の案件は他の金融機関で実行されることとなりました。

支店に戻ってみてもどうも納得がいきません。

そんな時、自分の机の引き出しに何か紙がひっかかっていました。

「なんだろう」

みてみると、研修の時に受けたα社からの電話メモでした。

「何かの時に他の書類と混じってしまったのかな」と思いつつ、上司にそのことを話しに行こうと思い席を立ちました。

ちょうど上司は支店長と話をしているところでした。

「あの、今日のα社の部長のお話ですが」

「ああ、もう仕方ない。今度頑張れ」

「実は」

と電話メモの件を話しました。

すると、みるみる上司・支店長の顔色が変わっていき、相当ひどく叱られてしまいました。

「なんで俺が怒られるわけ。不可抗力じゃない。それに、支店長も仕方ないっていっていたのに」

その日のSNSには「ばか顧客、ばか上司」「何で俺が？」と実名に近い名前を書き込みました。精神的に切れた瞬間です。

それからです。A君の書込みがエスカレートしたのは。手元のスマートフォンで業務時間中でも、「α社はもうすぐ潰れる」「△支店長はハゲ」「俺の上司は不倫中」などの書込みを繰り返し、そのうち現実と妄想が入り混じり、自分でもどれが事実でどれが嘘かわからなくなっていったのです。

そしてとうとうこんなことまで書き込んだのです。
「α社の今期の業績見通しは△△億円の赤字」と。
もちろん金融機関関係者しか知らない情報を書き込んでいました。

ちょっと待った！

ネットの書込みや日記などは、情報発信として、また、いろいろな人と情報の共有などさまざまな面で活用されています。

しかし、その使い方を１つ間違えれば「情報漏えい」「守秘義務違反」「損害賠償請求」といったことに発展するおそれがおおいにあります。また、「インサイダー情報」にも抵触することも考えられます。

あなたが考えている以上に、会社の業務にかかわる情報を書き込むことの影響は大きいのです。

そして、ネットで流出した情報はそれが事実かどうかが重要でなくなり、嘘でも事実にされてしまう、また、どこのだれが知るかわからないこわさがあるのです。

もう一度、書き込む前によく考えましょう。

▶その後……

ある日、A君のところに本部から電話がありました。

「先日、α社から当行にクレームが来た。ネットに嘘が書かれ、その情報源が君だということだ。最初は嘘だと思ったが、君と支店長にしか知らせていない話がその日のうちに、ネットに掲示されたという。事実解明のため、これから支店に向かうので、今日は外出しないでほしい」

「わかりました」

ふと、顔を上げると支店長がいました。

では、どうすれば？

まずは、社会人としての最低限の「自覚」をもちましょう。つまり「こうした書込みを行えば、どういった影響が出るのか」といったことを。

それから、金融機関というのは、情報産業であることをあらためて知るとともに、法律に触れるおそれがあることか否かの知識・知恵を、いま一度確認しましょう。

ネットのこわさ、おそろしさを知るとともに、ネットで情報発信する際の社内ルールを確認しましょう。そうすることにより、自分自身が書込みを行う場合のよい意味での抑止効果も期待できるのではないでしょうか。

　ネットは常にだれかにみられているものということを、もう一度思い出しましょう。

「今日の夕飯は家族全員ですき焼きを食べました」…と
おにいちゃんって書き込みする時に口に出ちゃうんだね
えっ!? 声に出てた？自分じゃ気がつかなかったよ
申し訳ありません
なにやってるんだ！素人でもこんなポカミスはしないぞ!!
たるんでる証拠だ！
くそ〜〜〜 あとでSNSに書き込んでやる〜！
「部長はハゲ！支店長は不倫中!!」…と

2 親密先への顧客リストの提供

入行（庫）して３年目のＢ君。２年目から営業係になり、最近ではなじみのお客さんも多くなりました。

今日も元気よく担当のお客さまのところに出かけていきます。

いつものように甲商事に行くと社長が「Ｂ君、いつもありがとう。ところで、いつもどこか取引先を紹介してほしいっていっていたよね。私の義理の弟が今度こちらで医者として開業することになってね。ついては、相談に乗ってやってほしいんだよ」

「わかりました」

その後、支店長がその義理の弟と面談したり、事業計画などをヒアリングして、正式稟議のうえ、取引を開始しました。

当然、Ｂ君がこの新しい取引先の担当になりました。

その後、この開業医のいろいろな相談に乗るようになり、取引も家族取引を含め拡大していきました。

ある日のこと、ちょうどお昼の時間になりました。

「先生、それじゃ失礼します」
「せっかくだから、お昼でもどう。近くにおいしい寿司屋があってね」と誘われました。
何か断れない雰囲気もあり、そのまま昼食に一緒に行きました。
お勘定をする段になって支払おうとすると、「なに、いつものお礼。これくらい気にしなくていいよ。ぼくのおごりだよ」といって、結局おごってもらいました。
それからです。B君がこの開業した先生のところに行くのは、決まって昼時になりました。
「昼食代を浮かすことができる」。ただそれだけのために。
最初は抵抗がありましたが、回数を重ねるうちにその感覚も麻痺していきました。
開業医である先生も嫌な顔１つしません。
「先生も好きでやっていらっしゃる」と勝手に思っていました。
そんなことがあった半年後のことです。
「Bさん、設備資金を面倒みてくれないかな」と先生のほうから話がありました。
「でも先生、いまの売上げでは返済がむずかしいのではないですか」

「そうか。それじゃ、B君の支店の取引でうちの患者になりそうな人のリストはないかな」
「そんなのありません」
「いや、コンピュータで検索すればすぐだろう。何か理由をつけてつくってよ」
「それは、コンプライアンス違反になります」
「もう、コンプライアンス違反をしているじゃないか。お客にこんなに食事をおごってもらっていいのか。支店長にいうと、君の将来ないんじゃないの」
それ以上、B君はいえませんでした。
それから10日後、あるリストが支店から流出しました。

ちょっと待った！

その情報、渡してもいいのでしょうか。よくないです。
それに、昼食をおごってもらいっぱなしの状況はどうでしょうか。公私混同もはなはだしいのではないですか。
まずは、金融機関に勤めるものとして、襟を正しましょう。すぐに上司に相談することです。

▶その後……

「Ｂ君、君の担当先のあのお医者さん、脱税容疑で家宅捜索を受けたみたいだよ」

「え」

「まあ、何もないと思うけど、何か変なもの渡してないよね」

「ええ」

「やあ、この間も別の金融機関で「家宅捜索で顧客リスト流出の事実あり」なんて記事が出てたもので、少し心配になっただけだ」

では、どうすれば？

お客さまとのお付合いは営業ではどうしても発生します。

問題は、その後です。

常に、対等な関係を維持するにはどうしたらいいのかを考えることです。

それから、一方的な金銭関係は双方にとって心理的な重荷や弱み・強みになることがあります。過去の金融機関における不祥事件の発端として、こうした小さいことが積み重なった結果、大きな不祥事件になったケースも多くあります。

たとえば、お客さまに昼食等を誘われたら、一度はお断りをし、どうしてもお付合いしなければならない場合は、上司に報告のうえ、その対応の指示を仰ぐなどの対応も必要となります。

いずれにせよ、１人で判断しない。上司への「報告・連絡・相談」を実践することが、皆さんの「身」を守ることになるのです。

それじゃ今日はこれで…
ちょうど昼だし一緒に食べていかないか？
いえっ弁当も持参していますし
たいへんだここでご馳走になったらB君のようになってしまう
うまいうなぎ屋なんだよ
え？うなぎ？大好物だ
君の分も出前をとっていたんだよ
においだけいただきますこれなら大丈夫だろ
くんくんくんくん

3　スマホへの書類の複写

C君はこの冬から融資係として仕事を始めました。会社から仕事を任されたこと、やっと一人前に扱われたことで気合いが入りますが、不安もありました。

ある日のこと、先輩の外交係の人がC君に融資案件と決算書を持ち込んできました。「急ぎの案件なのでよろしく」といって出かけていきました。

書類をみてみると、新しい決算書と新商品用の生産ラインの拡張計画書でした。決算書は本部に送り、データの更新をすればいいのですが、問題は計画書でした。枚数が多すぎて、ゆっくり読んでいる時間はありません。それに、月末近くということもあり、そのほかに書くべき書類は山のようにあり、処理するべき事務も多く残っていました。

仕事のピークも過ぎ、少し落ち着いたのでその計画書をみようとしたその時です。

「Cさん。今日の歓送迎会の幹事でしょ。準備をそろそろしないと間に合わないよ」と先輩からの声が聞こえました。

そうだ、今日は支店長交代の歓送迎会であったことを思い出しました。

それから、会場の設営などいろいろな準備を行っていたら、もう、歓送迎会開始の時間となりました。

歓送迎会が始まりました。すると、先ほど計画書を持ち込んだ先輩から「さっきの件、来週にはなんとか結論出してよ。先方、急いでいるらしいんだ」といってきました。

歓送迎会の幹事であり、今日は金曜日でもあり、これから２次会もあるのに、どうしようかと思い悩んでいました。

その時、「そうだ、書類を持ち出すことはコンプライアンス違反になる。コピーも同じ。でも、写真であれば問題ないのでは」と思いました。それに、スマートフォンには暗証番号機能もあるし、安全で情報漏えいにならないのでコンプライアンス違反ではないとの変な自信もありました。

歓送迎会の合間に自席に戻り、何回かに分けて計画書を自分のスマートフォンで写し、保存しました。

「これで、自宅で読むことができる」と思い少し安心しました。

翌日、スマートフォンに取り込んだ写真を自分のパソコンに取り込み、データとして保存して、いつものようにネットで買い物やメールを行っていました。計画書を読み、ファイルを消去せずパソコンのフォルダに保存しておきました。

翌日の日曜日、得体の知れないメールを誤って開封してしまい、自分のパソコンのデータが外部流出するというウイルスに、パソコンが感染してしまいました。

その時はパニック状態であったため、あることを忘れていました。

計画書の写真のファイルが自分のパソコンにあったことを。

ちょっと待った！

そもそも、紙はダメで、写真ならよいなんてことがあるでしょうか。

ありえません。同じです。情報を持ち出すという点では同じであり、その媒体が違っているだけです。

まして、スマートフォンは私物です。私物に会社の公的（この場合は取引先の情報）な情報を取り込んでいいわけがありません。

明確な「コンプライアンス違反」です。

▶その後……

後日、先輩から呼ばれました。

「おい、あの融資の件、今日先方から断りの電話があった。なんでも、生産計画に係る情報が外部流出したらしいんだ。いま、セキュリティ会社を使って、流出元の特定を急いでやっているらしい。どこの馬鹿か知らないが、こっちまでとばっちりを受けて、いい迷惑だよな」と。

C君はそれ以上、何もいえませんでした。

では、どうすれば？

自分で勝手な判断をしてしまったことがそもそもの間違いです。上司に相談のうえ、その先輩、あるいは上司から取引先によく事情を話してもらいましょう。本当に期限が切迫しているのか、どうか。

そのうえで、２次会に行かない、あるいは、翌週に回すことで情報の持出しを回避することができたのではないでしょうか。自分１人で抱え込まないこと。

この本のなかで繰り返し申し上げていますが、金融機関は情報産業といっても過言ではありません。その意味をいま一度考えてください。あなたは今、どんな産業に身を置いていますか。

さっきの件だけど今日中に資料をまとめておいてくれ
ええ!?無理ですよ 今日は送別会で 僕幹事なんですよ
よろしく～
そんなこといっても 残業はできないし 資料は持ち出せないし…
持ち出し できないのなら…
持ち込もう！会社に宴会を
PC消し 忘れてるの 誰だ？
なんで会社で 宴会なんだ
缶ビールと スナック 菓子だけ？
課長！ 乾杯の音頭をお願い します

4 計算書の送付

Dさんは預金係になってはや半年になります。

今日も営業時間が終了しました。「やっと終わった」。でもこれから支店内勘定の照合や資料・書類のつづりこみ等、後片付けが待っていました。

そのうちの1つに各種計算書を郵便でお客さまに返却する仕事があります。いつものようにいろいろな計算書をお客さまごとにまとめると、10名ほどのお客さまに郵送する必要があります。

「さて、封筒に宛名も書いたし、封印しなくては」と思い、いつもこの仕事を一緒にしてくれるE先輩を探しました。

「そうだ、Eさん、今日お休みだった」

そこで、一緒に仕事をしてくれそうな人を探しましたが、皆忙しそうです。そのうえ、今日が繁忙日だからでしょうか。職場全体に「忙しい」といったピリピリした雰囲気が漂っています。

「何か声をかけにくいな。手続では2名以上の職員で確認しながら、封印することになっているけど、私

１人でもできる。それに毎日しているからコツはつかんでいる。それにそもそもこんな仕事、２人でやること自体馬鹿げているし。手続がいけない」
　自分１人で封印作業をしてしまいました。

ちょっと待った！

　これは、いわゆる個人情報保護法（個人情報の保護に関する法律）に違反する可能性が大きい事例です。それは誤郵送する可能性が大きいからです。
　金融機関の職員は、こうした法令を特に厳格に遵守する必要があります。ケースによっては監督官庁に報告する義務があります。また、会社内ではこうしたことが発生すると、場合によっては懲戒処分が発せられることになります。
　ルールはなんらかの目的があってつくられています。なかにはすでに陳腐化しているものもあるかもしれません。しかし、大半のルールは皆さんの諸先輩の失敗を原因として、その再発防止策のため、つまり「同じ過ちを繰り返さない」ためにつくられたものばかりです。
　仕事をしていくうえで、「いちいちルールを守るのは面倒くさい、煩わしい」といったことがあるかもしれません。また、「どうしてこんなルールがあるのか」「自分ならこうやれば合理的だし、短時間で仕事ができる。だからルールは無視する」といったことを思うかもしれません。

しかし、会社のなかにルールがあるのはそれなりの理由があるのです。

「法律で定められている」「過去の大きな事件（皆さんが金融機関に入る前に起こった事件）で金融機関としての信用と信頼を大きく損なった」等、過去の先輩方の失敗等をベースとした教訓がそこには込められているはずです。

だから、皆さんが「面倒くさい」と思うルールがあるのです。その「面倒くさい」ことが、実は皆さんが勤務している金融機関の「社会的使命」や「信用・信頼」の基礎をなしている場合が多いのです。

ルールを厳守することで、たとえば「預金獲得実績」「貸出実績」のような、何か目にみえるものがもたらされるかといえばそうではありません。

しかし、目にみえないからこそ重要なのです。

▶その後……

「Ｅさん、Ｄさん、ちょっといいかな」

２人は支店長に呼ばれました。

「最近、私に「送られてきた計算書に私と関係のない計算書が混入していた」「本来、送られてくるべき計算書がまだ届かない」といった話がお客さまから寄せられているのだが……」

では、どうすれば？

まず、当たり前のことですが「2人でしなければいけないのに、いま、私1人しかいない」と、自覚することです。

そのうえで「私1人では、この仕事はできない（してはいけない）。でも、しなくてはいけない。そうした場合は上司に相談することだ」ということを思い出してください。

この場合は「皆忙しい」といった支店の雰囲気です。でも、「皆忙しい」と思っているのは「あなた」だけであって、実際にはそうではないかもしれません。

「こんなことをいったら、KY（空気が読めない）といわれるかもしれない」などと思ってはいませんか。「KY」といわれることを嫌がるのではなく、「KY」といわれても、いまあなたが置かれている状況を説明することが必要です。かりに「皆忙しい」としても、あなたが声を出さなくてはあなたの置かれている状況はだれもわかりません。

まずは「行動」、具体的には「上司（先輩）への相談」をしましょう。自分が嫌いな上司（先輩）かもしれません。でも、そこは「仕事」として割りきることです。自分の好き嫌いですむことではないのです。

金融機関ではルールを守らなかったら、大きな問題に発展することがあるからなのです。こうした失敗を繰り返さないため、先輩の皆さんへの配慮でもあるのです。

繰り返しになりますが、この場合も、少しの勇気を出してだれかにお願いしましょう。場合によっては事情を話して上司にお願いしてもよいのではないでしょうか。

こうしたこと、つまり、同じ誤りは繰り返さないことを積み重ねたことによって金融機関の仕事はお客さまから「信用・信頼」を得てきました。それを裏切らないように仕事をしていくことが必要です。

おいおい
1人でするなとは
いったけど
3人ですることは
ないだろ
ちょっと
こちらに
ひそ
ひそ
あの2人
何をやらせても
半人前
なんですよ

5 業後の作法

Ｉ君は昨年某金融機関に就職しました。学生時代の野球部の仲間には金融機関に勤める者も多く、その多くは地元の金融機関に勤めていました。

ある日、野球部のOB会の帰りに金融機関に勤める同期３人でプロ野球を観戦に行きました。球場は大勢の人で埋め尽くされており、３万人くらいの観客が入っていました。

すでにOB会で酔っぱらっており、さらにビールを飲みながら、近況などを話していましたが、いつしか仕事の話になっていました。

「おい、お前のところ仕事どう」

「最近、融資係になったばかり」

「おれも融資係になったよ」

「なんだ、おれも融資をやっている」

くしくも皆、融資係でした。

「ところで、この間書類をみていたら、丙商事というところ、お前の支店で取引があるみたいだね」

「そうだよ、取引あるよ。最近、業績悪いみたいだね」

「うちもあるよ。この間、支店長が丙商事は格下げを検討しないといけないといっていたけど」

「そうか、うちもそんな話があった。でも、「要注（著者注：債務者区分「要注意先」のこと）」でとどまっているからね」といった会話が続きました。

「でも、こうした話、ここでしていいのかな。やばいよ」

「大丈夫だよ。これだけ大勢の人がいるし、こっちも周りも酔っぱらっているから、まともに聞いている人なんていないよ」

「そうだね。球場でこんな話聞いて、問題にするやつなんていないね」

ちょっと待った！

これは「守秘義務」違反になります。

個人の話ではないので「個人情報」には該当しませんが、法人の情報についても金融機関の役職員には「守秘義務」が課せられます。これも立派な「コンプライアンス」の一つです。

金融機関は「もの」をつくっている工場をもっているわけではありません。金融機関で「もの」に相当するものの

１つが「情報」です。

金融機関には融資先の情報だけでなく、いろいろな情報が蓄積されています。たとえば、預金口座を開設すれば「氏名、住所、生年月日、電話番号」等それだけでいろいろな情報が蓄積されることになります。

また、皆さんは日頃からいろいろな情報をもとに業務を行っていることと思います。

こうしたことから、金融機関は情報の「塊」といってもよいでしょう。

ここでお客さまの立場になってください。

なぜ、お客さまは金融機関にいろいろな情報を提供するのでしょうか。

取引における約束事が直接の要因とはいえ、それは金融機関がお客さまから得た「信用と信頼」に基づくものですし、まさしく諸先輩がこれまで築き上げてきたものです。

「金融機関さんなら私が出した（提供した）情報をちゃんと管理してくれるだろう」「金融機関さんなら情報管理が徹底しているので（自分の情報を）悪用することはないだろう」

金融機関には実は大きな期待が寄せられています。しかもそれは目にはみえません。

逆にいえばそういった「信用と信頼」があるから、お客さまは金融機関に「赤字になりそうだ」などと相談してくるのではないでしょうか。

つまり、金融機関において情報をいいかげんに扱うということは、メーカーでいえば欠陥品を製造する、あるいは製品をいいかげんに取り扱うことと同じではないでしょうか。

皆さんは欠陥品を平気で製造する会社の商品を買いますか。考えるまでもないことですね。

▶その後……

翌週、コンプライアンス部門からＩ君、Ｉ君の上司に呼び出しがありました。

「お客さまの情報を野球場で話している職員がいるとの通報が、ある金融機関にあったそうだ。昨日、その金融機関のコンプライアンス部門からその際、おたくのＩ君も同席して同じ話をしていたようだが大丈夫ですかとの連絡が入ったが、そんなことはないよね」

Ｉ君は何もいえませんでした。

では、どうすれば？

金融機関の職場ではいろいろな情報に接することとなります。「Ａ社があぶない」とか「Ｂさんの息子さんが結婚する」「Ｃさんの家のおばあさんが入院した」といったありとあらゆる情報が飛び交っています。そうするとそのなかにはいわゆるゴシップ情報もあると思います。

人間ですからどうしてもこうしたゴシップに興味をもち、知ってしまったら話を他の人にしたくなるものです。しかし、いけません。自分の勤めている金融機関を欠陥品を扱う会社にしないために。

たとえ休日であっても同じことがいえます。

当然、近くにいるということで、家族、親族、恋人に対しても同じです。情報はいったん外に出る（話をしてしまう、インターネットに掲載する）と、取り消すことはできません。

つらいと思うかもしれませんが、金融機関に勤務する以上、必要なことなのです。

丙商事ってさ
ああ　最近
業績悪いね
部長が「いよいよ
危ないな」だって
丙商事が
危ないって
本当？
はっ・・
はいっ
丙商事懇親会

第 2 章

コンプライアンス

6 リスク性商品販売のルール

甲さんは投信などリスク性商品の販売を行って、はや２年になります。

当初は、商品の種類の多さや法律等ルールが複雑だったことなどで、なかなか成績をあげることができませんでした。

しかし、仕事に慣れてくるとそれなりに成果を出すようになり、上司も「よくやってくれている」とほめてくれるようになりました。

そのことが励みでさらに頑張ろうという気持ちになるといういい循環で、ますます仕事に磨きがかかっていきました。

金融専門紙に紹介されるようにもなりました。

しかし、そういった状況もそんなに長く続きませんでした。

その理由は、支店長の交代です。

それまでの支店長はリスク性商品の販売について、たしかにノルマはありましたが、ある程度任せてくれていました。言い換えれば、自主性を重んじてくれていました。

ところが、かわった支店長は「この支店ならもう少しリスク性商品の販売が伸びる余地はある。もっと頑張ってくれ」「今後は、達成状況を昇進、ボーナスに直結させる」を支店方針として打ち出しました。

当然のことながら、甲さんの目標も以前に比べたら高い目標になり、それまで時間をかけ、丁寧に説明などをしていたものが、目標を達成するためにどうしても説明時間が短くなったり、じっくりお客さまのお話を聞く機会が減っていくこととなりました。

そのことが逆にお客さまからの評判を落とし、さらに焦ってしまうという負のスパイラルに陥っていったのです。

今日は、期末日です。もう少しで今期の目標を達成できそうです。

そんなことを考えていたら、あるお年を召したお客さまがいらっしゃいました。

「息子にいわれて来たのだけれど」とリスク性商品の購入を検討されているようです。

目標達成の焦りもあり、どうにか「販売する」という気持ちで説明した結果、納得いただけました。

「お客さま、ところでおいくつですか」

「今日誕生日で、75歳になるけど」

販売ルールでは、75歳以上の方への販売は親族の同席が必要です。そうなると、今日の販売実績になりません。ということは、今期の目標を達成できないということです。

販売処理を進めながら、あることを思いつきました。

それは、説明は昨日したことにして、今日書類をもって来てもらったことにすればいい、ということです。

お客さまには「日付欄はこちらで書きますから、空欄で結構です」といい、すべての処理を終えた後、自分で日付を記載しました。

「これで目標達成。安心した」

甲さんは胸をなでおろしました。

ちょっと待った！

本当にこれでいいのでしょうか。

目的を達成するために嘘をつくのが。リスク性商品の意味を考えてください。そこには「お客さまのリスク」だけでなく、「金融機関のリスク」もあるということを。

本件は顧客保護等の観点からみても大きな問題になります。

「ばれなければいい」ではなく「ばれる」のです。

▶その後……

１年後のある日、甲さんは支店長に呼ばれました。

「君が販売したリスク性商品について、今般全国銀行協会に金融ADRの申立てがあった。明日、本部に行ってヒアリングを受けてくれ。すでに本部ではいろいろな書類の検証を行っているらしい」

「あの」

「おい、顔色が悪いぞ」

では、どうすれば？

目標とルール、むずかしいですね。でも、どちらかをとれといわれれば「ルール」ではないでしょうか。

「そんなことわかっているけど、実際には」といった声が聞こえてきそうです。

では、この場はどうすればよかったのでしょうか。

答えは「ありのままに行う」ということです。つまり、同席できる親族に来ていただき、販売するということです。

今期の目標が達成できなくても、来期の目標達成のプロセスになるからです。
　上司にもそのことをはっきりいいましょう。
　また、本来お客さまに書いていただく事項を自分の都合で書いてしまうことは重大なコンプライアンス違反です。逆の立場に立てばわかりますよね。
　昨今、こうしたリスク性商品をめぐる裁判や金融ADRで銀行に過失を認める事案がふえています。今後もふえるでしょう。そうした時に、あなたは堂々と胸を張れますか。

ところでお客さまは おいくつですか？
75歳以上だと 親族の同席が 必要なんだよな
や～ねぇ女性に歳を 聞くもんじゃないわよ
それセクハラよ
そうではなくて 業務上必要な 話なんですよ！
じゃ教えてあげる 永遠の25歳よ
気持ちがね
サバを読むにも ホドが…
まじめに答えて くださいよ～～
カツ丼出してくれたら 答えてあげる
取調べじゃ ないんですけど…

7 住宅ローン申込みの受付

Ｅ君はこの冬から住宅ローン係として仕事を始めました。

まだ社会人になってそれほど経っていませんが、会社から仕事を任されたことに気合いが入るとともに、不安もありました。

上司からは「期待しているよ」との言葉もかけてもらって、さらにやる気が出てきました。

ある日、Ｅ君が営業会議に出た時のこと。上司がＥ君の先輩に当たる人に檄を飛ばしていました。「今期の最大の課題は住宅ローンだ。どうしても目標必達。肝に銘じて仕事をやってほしい」。この言葉に職場の住宅ローン獲得に対する並々ならぬ意気込みを感じました。

いつものように先輩の外交係の人がＥ君に住宅ローンの案件を持ち込んできました。「急ぎの案件なのでよろしく。足りない書類等があったら早めにいって」といってまた、お客さまのところに出かけていきました。

「あの人の口ぐせだよね。急ぎといってもいつものように処理すればいい」と思い、その日は書類を机に入れたままにしました。

翌日からＥ君は先輩が持ち込んでくる住宅ローンの処理で大忙しになりました。とにかく、期末月ということもあり、処理するのに精いっぱいで、まともに昼食もとれません。しかし、Ｅ君にとっては大変充実していました。

「おい、先日急ぎで頼んだ住宅ローンの件、どうなった」との先輩の声が聞こえました。

その時、Ｅ君は「しまった」と思いました。忙しさにかまけ、その先輩の住宅ローンの書類を机にしまい込んだままでした。

いまさら「まだやっていません」とはいえず、「もうすぐ承認になります」ととっさに嘘をいってしまいました。

「そうか、来週、１回目の支払があるからよろしく」といわれてしまい、いまさら上司に相談できません。

「困ったな。そうだ、とりあえず、自分の父親から借りたお金で立て替えておいて、住宅ローンが承認になったら、そのお金で返してもらえばいい。１回目の金額といってもたかが知れている」。そう思うと、少し気が楽になりました。
その週末に父親からお金を借り、どうにか対処することができました。
「これで少し安心」。E君は胸をなでおろしました。

ちょっと待った！

このケースはいわゆる出資法（出資の受入れ、預り金及び金利等の取締りに関する法律）に違反しています。

ただ、出資法違反といったことを述べる前に、この事案の根本的な問題点について少し述べましょう。

実は、いちばんの問題点は、とっさに「嘘」をいってしまったことなのです。

この場合、住宅ローンの書類をしまい込んだことも問題ですが、それよりも自分の過ちを「嘘」でごまかしてしまったことで、法令違反が発生するに至っています。

金融機関に入って一定の期間の研修が終了すると、融資係、お客さまを訪問して営業を行う係（得意先係、外交係、営業係等金融機関によって名称はさまざまです）、預金係等に配属になり、一人前の金融マン・ウーマンとして働いていくことになります。

当然のことですが、すべてが「初めて経験」することばかりです。最初は上司、先輩もいろいろと教えてくれるかもしれません。しかし、ある程度の期間を経ると「もう、教えたでしょ」「自分で調べろ」といった冷たい（本当はそうではなく、上司・先輩は「早く一人前になってほしい」という思いからこういった態度や発言になる場合が大半ですが）発言や態度をします。また、こうした発言や態度が表れる時期は自分の仕事にある程度の「自信」と「誇り（プライド）」が生まれてくる時期でもあります。

こうした時期に上記のような事案にぶつかると、この「自信」「誇り（プライド）」が真実を隠そう、つまり「嘘」をつこうとする場合が多いのです。

次に、「出資法」の話をします。

金融機関の役職員が正規の手続をしないで、金銭の貸借を仲介したり、保証する行為は法律で禁止されています。これが規定されているのが出資法です。

この法律の３条に以下の記載があります。

（浮貸し等の禁止）

第３条　金融機関（銀行、信託会社、保険会社、信用金庫、信用金庫連合会、労働金庫、労働金庫連合会、農林中央金庫、株式会社商工組合中央金庫、株式会社日本政策投資銀行並びに信用協同組合及び農業協同組合、水産業協同組合その他の貯金の受入れを行う組合をいう。）の役員、職員その他の従業者は、その地位を利用し、自己又は当該金融機関以外の第三者の利益を図るため、金銭の貸付け、金銭の貸借の媒介又は債務の保証をしてはならない。

つまり、金融機関の人間に限定して、上記のような行為を行うことは法律で禁止されているのです。

たとえそれが自分のお金であったとしても「その地位を利用し、自己又は当該金融機関以外の第三者の利益を図るため」であればダメです。

また、こうしたことは世間では金融機関に勤務している人であれば「当たり前」に知っていると思っています。皆さんは「知らなかった」ではすまされないのです。

「浮貸し」については、皆さんの所属されている金融機関のいわゆる「コンプライアンス・マニュアル」等に詳しく記載されていることと思います。

法律のこの点だけをとらえると「金融機関に勤務している人にとって、貸付、保証といった行為は特別な行為」ともいうことができます。

これは、金融機関に勤務する者として特に注意を要することです。また、その刑罰も大変重いものであり、懲役3年以下または300万円以下の罰金、またはその両方が科せられます。

▶その後……

住宅ローンのカウンターにお客さまが相談に来ました。

「あのう、この前ローンを借りたのですが……」

「いらっしゃいませ。それはありがとうございます」

「ただね、ちょっと不思議なことがあって。この通帳なんだけれど……」

「失礼してお通帳拝見します……」

「ね。それらしい金額は入金されているんだけれど、通帳に「フリカエ」と印字されているんだよ……」

では、どうすれば？

まず、すべきことは、先輩・上司に事実をありのまま報告することです。先ほど申し上げましたが、そのとき「邪魔」になるのが「自信」「誇り（プライド）」です。

「いまさら、いえない」「こんなことがばれたらすごく怒られる」「自分の将来に汚点を残す。出世に響く」いろいろと考えることでしょう。

でも考えてください。このままごまかし続けることができるでしょうか。金融機関はそれほど鈍くはありません。

皆さんの勤務している金融機関には長い歴史があります。長い歴史のなかでこれまでも、こうしたケースあるいは類似したケースはあったことと思います。ということは、こうした場合の対策が整備されていることと思います。つまり、すぐにはわからなくても、いつかはわかるのです。その時のほうがいま以上に大きな問題となることは間違いありません。

まずは自分に「正直」になって、報告することです。そうすれば、先輩・上司がなんらかの対応策を考えてくれます。

後は、「組織」としてつまり金融機関として対応していくことになります。お客さまへの謝罪等はあると思いますが、なにより大事なことは、それ以上でもそれ以下でもありません。

「自分の将来に汚点を残す。出世に響く」。そうかもしれません。でも、そうでないかもしれません。先輩・上司だって皆さんの頃には似たような経験をしているはずです。それに、金融機関では、若い時の失敗だけで将来が決まるような人事考課にはなっていないと思います。

自分の失敗を「嘘」で塗り固めて、「いつばれるだろう」とビクビクしながら仕事をするのと、一時のことと「正直」に話をして、その後「すっきり」仕事をするのとでは、どちらがよいでしょうか。

金融機関に勤務されている皆さんなら答えはおのずとわかっているはずです。

E君
また遅刻かい？
すみません
電車が遅れて・・・
昨日は車両故障
おとといは人身事故
「電車が遅れた」は
もうE君の口癖だね
部長　それは
ひどいですよ
ピンポーン
日曜の朝から
すみません
今日隣りに
引越してきた
者ですが
は〜い
私がこのマンションを
選んだ理由は
会社へ歩いて
通える距離
だからなのだが
明日から
電車通勤は
やめます
↑
うその
上塗り

8 親密顧客との関係

Ｆ君は外交係になって２年経ちました。お客さまとも大変仲良くなり、いろいろな相談にも真摯に対応する大変評判のよい職員です。

一方、プライベートでは学生時代から付き合っているＧさんとの結婚を控えていました。

「結婚するとなるとこんなにお金が必要とは思ってもみなかった。両親からの援助があるとはいえ、自分の蓄えがすべてなくなるとは思ってもみなかった」。これが実感でした。

しかし、Ｆ君は両親にもＧさんにもいえない「秘密」がありました。それはサラ金からの「借金」でした。社会人になってからＧさんとのお付合いでかかった「飲食」「プレゼント」で100万円くらいの借金があり、そのうち50万円がサラ金からのものです。

「結婚までにはこの借金なんとかしなくてはならない。でも会社のお金に手をつけるわけにはいかない。そんなことをすればクビになる。両親に話すこともできないし」ともんもんとした日々を送っていました。

ある日いつものように外交活動をしていると、よく知っているお客さま「Ｈさん」のところで自分の結婚の話題になりました。

「今度、結婚するそうね。支店長さんから聞いたわよ。おめでとう」

「ありがとうございます」

「Ｆ君にはこれまでもいろいろと無理を聞いてもらっているし、お祝い、はずむわよ」

「そんな、そのお気持ちだけで結構です」

「そんなこといわないで。いろいろと物入りでしょう」

「まあ、それはそうですが……」

「結婚はうちの息子のときもそうだったけど」……

他愛もない会話が続きました。

「もし、お金が必要ならいってね。Ｆ君にはいろいろとお世話になっているし、乙金融機関の人だから少しくらいなら用立ててもいいわよ。でも、金融機関の人は給料がいいから」

その日はそれで終わりました。

数日後、Ｆ君は「Ｈさん」のところに出向いて切り出しました。

「先日のお話は本当ですか」

「どういうこと」

「お金を用立ててくださる話ですが」
「ええ、あなたにはいろいろとお世話になっているし」
ここでＦ君は嘘をいいました。「両親が病気でその治療でお金の援助をしてもらえません。一方、結婚はいまさら延期できません。どうか、お金を貸してください」
「いいわよ、そういうことなら」とＨさんはＦ君に100万円貸してくれました。
「これでサラ金の借金を返すことができるし、安心して結婚できる。お金の仲介をしたわけではないし、自分が個人的に借金をお客さんからしただけ。法律にも違反しない。個人的問題だから別に上司に報告することでもない」
Ｆ君は何もなかったように仕事を続けました。

ちょっと待った！

自分の担当しているお客さま、あるいはよく店頭、窓口を訪れるお客さまと親しくなること自体は悪いことではありません。でも程度問題です。
たとえば訪問するたびに昼食をごちそうになる。昼食の誘いを上司に報告せず応じる。こうしたことが積み重なってくると、今度はお客さまとの関係がいわゆる「度を越したもの」になり、その後そのお客さまとの関係が悪化した場合に「あの時昼食をごちそうした」「あの時接待をした」といったことが出てくることがよくあります。また、他のお客さまからみると「あの人、あそこと何か特別な関係にあるのでは」といったよくない評判にもつながりかねません。

これがさらに発展すると「ここまでやってあげたのだから、それなりの見返りをしてほしい」「会社、上司にいうぞ」といった脅しまがいのことをされかねず、どうすることもできなくなります。

ここでも「公（会社）」と「私（プライベート）」とのけじめをしっかりつけることが重要であることがご理解いただけるのではないでしょうか。

ちなみに、こうしたことから「反社会的勢力」と呼ばれる暴力団等に付け込まれ、不正・不祥事件に発展していった例は、金融機関においてさえ、過去にいくつもあります。当然、それらの場合、該当する金融機関役職員は逮捕されています。

▶その後……

Ｈさんは支店にとっても大切なお客さま。支店長がＦ君を帯同して訪問しました。

「Ｈさま、いつもありがとうございます」

「いえいえ、Ｆさんにとってもよくしていただいているので、お礼を申し上げるのはむしろこちらです。Ｆさんのような優秀な部下がいると支店長も鼻が高いことでしょう。Ｆさん、この間ご結婚なさったんでしょ。身も固めて、ますますご活躍ね」

「おそれいります」

「でもＦさん、ご両親がご病気なのよね。大変でしょうけど、頑張ってね」

「え……」

では、どうすれば？

こうした行為はコンプライアンス上、問題があります。金銭の貸借自体、金融機関の職員として許される行為でしょうか。通常金融機関においては、就業規則、コンプライアンス規程、倫理方針等で「役職員、行職員間の貸借」を禁止していることと思います。これは、金融機関が業務を適正に実施していくために必要なルールと認識していることに端を発しているのだろうと思います。これと同じです。

この場合は自分の現状をいいにくいでしょうが、家族、なかでも両親に相談しましょう。身内であれば第三者に話すより話しやすいのではないでしょうか。次の策としては、会社の上司に相談することです。そのうえで福利・厚生部門等からの借入れを行い、毎月の給与から返済していくことです。

いずれにしてもお客さまから借入れをすることは適切な業務を行ううえで問題となる可能性が大きく、また、場合によっては法令でいうところの「不祥事件」になりかねません。金銭の貸借は厳に慎む必要があります。

困ったときは「正直」に。１人で悩むより皆に相談しましょう。そうすれば、楽しい明日が迎えられます。

F君　元気がないね
僕　結婚式がこんなに
大変だなんて
知りませんでしたよ
何かと物入りだし
親戚との付合いも・・・
甘いなＦ君
世の中にはもっともっと
大変なことがあるんだぞ
結婚なんて
まだ序ノ口さ
「２４番」を
読んだら
わかるよ
は？　Wさん
それはいったい
どういう意味ですか

9 集金した現金の入金

Ｊ君は地域金融機関に勤めて３年目です。お客さまの評判もよく、着実に実績をあげて、上司からも最近大きな案件を任せられるようになりました。

Ｊ君の勤務する支店の渉外係は全部で３人。それぞれ個性を発揮して、お客さまからの苦情もなく業務は順調に進んでいるように思えました。

しかし、ある日のこと渉外係の１人が病気のため入院することになり、３人で行っていた仕事を当面２人で行う必要が出てきました。

支店長は「なんとか２人で乗り切ってくれ。後はわれわれでサポートする」といってくれました。

それからです。Ｊ君の多忙な日々が始まったのは。これまでは、融資や投資信託の相談といったことを余裕でこなすことができましたが、それもできなくなっていきました。

とにかく「集金」すること、特に「積立定期」の掛け金を集金することだけで手いっぱいな状態になりました。

Ｊ君はこれまでのお客さまのご相談にも乗ってあげたいと思うものの、「ごめんなさい」といってとりあえずお客さまに謝る日々を続けていました。

「こんなことではいけない。でも時間がない」「でも、もう少しの辛抱だ」と思っていました。

「今日の人事異動で１名減員になった。申し訳ないが今後も渉外係は２名体制でいく」。支店長がはっきりとした口調でいいました。

「まだこんなこと続けなくてはいけないのか」。Ｊ君の心は折れてしまいました。

それからというもの、Ｊ君は集金し、日々の業務をこなすことだけを考えるようになりました。

「Ｊさん、この積み金、今日入金しておいてね」「わかりました」。支店に帰る途中によく知ったお客さまから声をかけられました。今日はこれで最後と思ってバイクに乗って走り出したその時です。

バイクがパンクしてしまったのです。バイクなしでは勘定を締める時刻にはとても間に合いません。

「１日くらい入金が遅れても文句はいわないだろう」「受取証も日付訂正すればいいだろう」

Ｊ君はそれからたびたび入金を遅らせるようになってしまいました。

ちょっと待った！

ここで質問です。お客さまはどうして「積立定期」のお金を皆さんに預けるのでしょうか。

それはお客さまが「自分のお金を約束どおりちゃんと入金してくれる。盗んだり、約束の日以外の日に入金することはない」と思っているからです。

では皆さんはどうすべきでしょうか。

かりに皆さんが金融機関の職員でないとしましょう。

突然皆さんが「お金をお預かりに来ました」といって、人ははたしてお金を預けてくれるでしょうか。たぶん答えは「NO」です。

つまり、お客さまは皆さん個人を「信用・信頼」しているのではなく、金融機関に所属する職員である皆さんを「信用・信頼」しているのです。

よくいわれる「金融機関の看板」を「信用・信頼」しているのです。

その基礎となっていることはなんでしょうか。

皆さんが所属している金融機関の諸先輩方がこれまで脈々と築き上げてきた「信用と信頼」なのです。

では、この事案で問題となるのはなんでしょうか。皆さんはもうわかりますね。「日付」が多少ずれてもいいだろうといった感覚です。

「信用と信頼」の基礎、「約束を守る」ことに執着することが必要ではないでしょうか。

▶その後……

「Ｊ君、ちょっといいかな」

ある日、Ｊ君は支店長から呼ばれました。

「先ほど店におみえのお客さまから指摘があったんだが、昨日預けた積立定期が入金になっていないそうなんだ。君が訪問している地域なんだが」

「……」

では、どうすれば？

先に結論をいえば、上司、支店長と相談を早急にすることです。

このケースのポイントは人員の削減により従来カバーしていた範囲を引き続き同じように担当していることに問題があります。結果、業務遂行の点で問題が発生しているわけです。

減員になり、できることとできないことがみえてくるようになります。その点をどう考えるか、実際にお客さまを担当している者と上司とがよく話合いをする必要があります。

かりにこのままの状態が続けば、どうなるでしょうか。

筆者の経験からいえば、担当者が疲弊し、場合によっては不祥事件等につながりかねません。

「約束は守りましょう」。当たり前のことです。でも、約束を破っただけでコンプライアンス違反になるのでしょうか。

なります。金融機関が得ている「信用と信頼」はどこに行ったのでしょうか。

また、結果的にお客さまをごまかすことにもなりかねません。

こうした行為が大きなコンプライアンス違反、不祥事件の第一歩になるのです。

しばらく
入院するそうだ
当面は2人で
乗り切ってくれ
ええっ!?
この忙しい時期に？
大丈夫だよ
われわれも
サポートするから
お願いします
支店長
それからです
J君の多忙な
日々が
始まったのは
まったくです
余計な仕事を
ふやさないで
ください
あ？
あれ？
データが
消えて
しまったぞ
頼みますよ
支店長～

10 伝票と現金との不一致

Ｋさんは金融機関の支店でテラーの業務に従事しています。

窓口にはいろいろなお客さまが訪れます。

いつもＫさんのところに大量の現金をもって来るお客さまがいます。お店の売上げを口座に入金するためです。

ある日のこと、いつものように入金してみると「入金伝票」と「現金」とが一致していません。お客さまは「後はよろしく」といって、いったんお店のほうへ帰ってしまいました。

「500円多い。それも500円硬貨が１枚多い」。Ｋさんは「後でお客さまがいらっしゃったらお返しすればよい」と思い、制服のポケットにしまってしまいました。

その日は特に忙しく、支店の勘定が一致したのもいつもより遅い時刻でした。

「ああ、やっと終わった」。ロッカー室に戻ったＫさんは少し休憩した後、帰宅しました。制服の500円硬貨のことはまったく忘れて。

数日後、洗濯をしようと思い、上司の許可を得て制服を自宅にもって帰った時のことです。

洗濯機に制服を入れようとしたら500円硬貨が出てきました。「あ、そうだ、お客さまにお返しするものだったのにすっかり忘れてしまっていた。明日支店にもって行ってお返ししよう」といったんは思いました。

「でも、このことはだれも知らない。もう勘定も一致している。いまさら、管理職の上司にいうとまた怒られる。だったら、このままもらっておこう」

Ｋさんは500円硬貨を自分の財布に入れてしまいました。

ちょっと待った！

その500円硬貨はだれのお金ですか。本当はどうすべきでしたか。金融機関に勤務する者として恥ずかしくありませんか。

そもそもどうして制服のなかにしまっていたのでしょうか。

人間だれしも「忘れる」ことはあります。しかし、金融機関に勤務する者としてまず「正直」であることが、コンプライアンスを実践していくうえで基礎中の基礎です。

▶その後……

いつものお客さまがやってきました。

「Kさん、これ、お願いね」

「はい、ありがとうございます」

「そういえばね、この間売上げと入金額が違ってねえ。いつも全部もって来てるはずなんだけど。もって来る前にちゃんと確認しているのだけれど、現金をなくすなんて、モウロクしたのかしらねえ」

では、どうすれば？

「いまさら」と思うかもしれません。しかし、皆さんはお客さまの「お金」を取り扱うことを「業」とする会社に勤めているのです。

この場合、「後でお客さまがいらっしゃったらお返しすればよい」と、ポケットにしまってしまいました。ここに問題があります。

「後で」ではなく、「いま」です。ケースにもよると思いますが間違い、誤りがあった場合は時間を置かずすみやかに上司に報告して、その対応方法について指示を仰ぎましょう。

「制服のポケットにしまったまま」の状態で、自宅でそのことを思い出したらどうしたらよいでしょうか。

その事実を正直に、翌営業日に上司に申し出ましょう。

「怒られる」かもしれません。しかし、それは「一時」のことです。あなたの「心のなか」に「あの時、ちゃんと500円を返しておけばよかったのに」といった思いがずっと残ることを思えば、大した心の重荷にはならないでしょう。

業務を行っていくうえで異例なことが起こることがあります。そのときはすぐ上司に相談しましょう。

この事例はコンプライアンス違反であることには間違いありません。しかし、できるだけ早くその事実を上司に報告することで、その違反の度合いも軽減されることになるのではないでしょうか。

他人のお金をちゃんと区分する最低限の倫理観をもちましょう。

お願い
します
はい
じゃ
あとは
よろしく
ありがとう
ございました
伝票の額より
現金のほうが
多いわ
おかしいなぁ
500円…
俺は「ネコババする」ほうだ
「電話で確認
してくる」に
賭けるわ
ひでぇ親…
負けたほうが
今日の家事当番よ

11 派出業務

Ｌさんはある役所の派出業務を担っています。

毎日午前10時から午後３時まで役所のなかの派出所でもう１人のパートタイマーさんと一緒に入出金業務を中心に、時に商品の相談・セールスなども行っています。

役所のなかに食堂があります。食堂の責任者はその日の売上げを毎日Ｌさんのところにもって来て「これ入金しておいて」といって袋に入った硬貨と金額の記入していない伝票、それと通帳をもって来ます。

つまり、硬貨を金融機関が数え、その金額を金融機関で記入して入金する方法です。

Ｌさんは派出所勤務になってから前任者からそういった取扱いをずっとしていることを聞かされていました。

ある日のこと、いつものように食堂の責任者が入金の依頼に来ました。その時はパートタイマーさんは支店の用事で不在のため、Ｌさん１人でした。

「入金よろしく」。食堂の責任者がいいます。「わかりました」。硬貨の入った袋を預かって機械に入れようとしたその時、袋が破れてしまい、派出所内に硬貨が散乱してしまいました。

Ｌさんはあわてて拾いましたが、機械の奥に転がった硬貨をとることができません。その時、窓口に別のお客さまが訪れました。

「５万円引き出したいのだけれど」

Ｌさんは思いました。「硬貨は機械が数える。後で処理すればよい。機械の奥の硬貨は後でどうにかすればいい」。次のお客さまの対応をしてしまいました。

その後Ｌさんは窓口対応をしていたため、機械の奥に転がった硬貨のことを忘れてしまいました。

翌日食堂の責任者が来ました。Ｌさんは思い出しました。「あ、機械の奥の硬貨」。そう思いそのことを食堂の責任者に話そうと思ったところに支店から電話がかかってきました。

食堂の責任者に申し訳ないと思いつつ「昨日預けた通帳を」との言葉にパートタイマーさんが反応し通帳を食堂の責任者に渡しました。食堂の責任者は何もいわずに帰っていきました。

その時、Ｌさんは気づきました。「相手は金額を知らない。こっちの書いた金額をそのまま硬貨の金額と思っている」。その時、悪魔のささやきが聞こえました。
「１人のときに食堂の硬貨の入金をして、その時入金金額をごまかしてもだれにもばれないよ」
そこからＬさんの転落の人生が始まりました。

ちょっと待った！

金融機関がお客さまから受けている信頼を悪用する、最もしてはいけないことの１つです。明らかな「コンプライアンス違反」というより「犯罪行為」です。

悪いことをする人は「他人からは絶対にばれない」と思う環境があると、「ばれなければ何をやってもよい」と考える傾向にあります。そして、横領や詐欺といった犯罪を犯すようになっていくのです。

▶その後……

派出先の役所がレイアウトを変更することになり、派出所も引越しをすることになりました。

新しいレイアウトにも慣れてきたある日、引越作業の立会いをした上司が派出所にやってきていいました。

「Ｌさん、移動した機械の下から大量の現金が出てきたんだが……。その場に居合わせた食堂の責任者からも、「最近売上げが減ったと思っていたら」といわれてしまったよ」

「……」

「でもまあ、落ちていたくらいの額ではないそうだが、食堂の責任者には私から謝っておいたよ。あれ、Lさん。顔色がすぐれないね。あるいは……」

では、どうすれば？

お客さまは皆さんの金融機関に、お金に関して絶対的な（最近はそうでもないとの声もたまに聞かれますが）「信用と信頼」を置いています。

「金融機関の人だからお金に関して絶対に間違いを犯さない。金融機関の人がやることには間違いがない」とお客さまは思っています。

本件の対応として、機械の奥に転がった硬貨を「後で」処理しようとしたことに、まず問題があります。

お客さまは機械の奥に転がった硬貨も含めて「ちゃんと入金してほしい」という依頼を金融機関、皆さんにお願いしているのです。別のお客さまが来ても「少々お待ちください」といい、入金の処理を優先すべきです。

自分のお金がごまかされていることがわかったらどんな

ふうにあなたは思いますか。「まさか、金融機関の人がお金をごまかすことはない」だれでもそう思います。

また、ごまかしたお金をとるところをだれかに「みられたら」どうなりますか。「びくびく」しながら、お金をもって行きますか。

こうしたことを一度でも行う（いわゆる「一線を越える」）と、どんどん大胆になり、最後にはこうした入金についてはすべてごまかすことが「当たり前」「当然」となっていきます。つまり、深みにどんどんはまっていくことになります。

お金は正直です。また、こうした行為はいつか必ずばれます。だから、金融機関でお金を取り扱う者として、お金には「正直」であるべきです。

いまの数万円で将来のあなたの人生をぶち壊しますか。よく考えてください。

まだ残業なのかい？
はい
今日中に
仕上げ
たいので
みんなが
帰ったら
機械を
動かして
落ちた
硬貨を
拾わなきゃ
う〜ん
えいっ
あっ!?
なぜ
バレたんだ
強盗が掘っていた
穴を見つけたん
だって
すご〜い
何か怪しい気が
したんです
銀行員の第六感？

12 利き腕が不自由なお客さまとの取引

M君は外交係１年生、おもに個人の資産家をもう１人のベテランの先輩と２人で担当しています。

やっとお客さまにも慣れ、それなりにお客さまの要望に応えることができるようになってきていますが、対応に苦慮しているお客さまが１人います。

そのお客さまは利き腕が不自由ということもあり、必要書類の記入に大変時間がかかります。そのお客さまを訪問すると、その日の外交活動の半分の時間が消えてしまうのです。

M君がなんとかしたいと思っても、お客さまの腕はいうことを聞いてくれません。「しかたない」と思いつつ、できる限りの準備をして時間の短縮を図るようにしていました。

ある時「悪いが、Mさん、かわりに記入してくれないか。私のお願いであることは明確だし、何かあれば事情は説明する」といわれて、M君は少し考えました。

「わかりました。事情は説明していただけるのですね」
「何も心配することはない。ちゃんと話をしてあげるよ」
M君はかわりに書類に記入し、押印までしてしまいました。

ちょっと待った！

お客さまのなかには身体にハンディキャップをもっている方も大勢いらっしゃいます。そうした方にも安心して金融機関と取引を行っていただくために法令やいろいろなルールが定められています。そのうちの１つが「代筆」です。

代筆行為自体は一定のルールにのっとれば金融機関内で認められているケースもあります。

▶その後……

数カ月後、お客さまの息子が支店にやってきました。
「少し前、父が亡くなった。書類を整理していたら、明らかに父の筆跡でない金融商品の書類が出てきた。おたくの職員が父をだまして金融商品を買わせて、そのうえ勝手に書類に記入したんだ」と大変立腹の様子です。

M君はいいました。

「その書類を書いたのは私です。でも、それはあなたのお父さまに依頼されて書いたものです。こちらの記録にも記載されています」

「父がそんなことをいうわけがない。何か証拠でもあるのか。それにこの金融商品の金額はこれまでのものより額が大きい」

押し問答となり、それぞれの主張も平行線です。

「わかった。裁判で決着をつけよう」

M君は少し暗い気持ちになりました。

では、どうすれば？

この場合、どのように対応したらよかったのでしょうか。

かりにM君が「代筆」のルールがあることを知っていて、営業の目標を達成することに重点を置いた営業活動をしていたとすれば、問題があります。「代筆でもいいから契約をしよう」というインセンティブが大きく働いたことになります。

「代筆」のルールを知らなかったら、どうでしょうか。

そもそも「代筆」がよいか悪いか判断できません。したがって、その場合は「保守的」に判断し、代筆行為をすべきではありません。

自分の金融機関において、「代筆」に関するルールがあるかないか、ないとすれば自分１人で判断するのではなく、担当部門などに問合せをしたうえで対応し、あるとすれば、それはどんなルールか、必要な書類は何か、どういった場合に可能かといったことを自分が知っているか、知らなければ確認したうえで実施するのです。

コンプライアンス違反事例のなかには担当者が「法律やルールを知らなかった」ことから発生しているものも少なくありません。

お客さまと接する担当者であれば、自分が行っている業務について「ルールがあるか」「こういった場合にはだれ（どこ）に聞けばよいか」といったことを常日頃から確認しておくことが必要です。

自金融機関の代筆のルール、その留意点を、もう一度確認しましょう。コンプライアンス違反とならないために。

時間を気にして
何かあるんですか？
ちょっと用事が
あってね　わたしが
書くと時間がかかる
代筆を
頼めん
かな？
代筆は
だめですよ
その間に
書いておくよ
それじゃわたしの
かわりに用事のほうを
すませてきて
くれないか？
う〜ん
代筆じゃないなら
まぁいいか
老人会フォークダンス

13 大口現金での振込み

N君はある県の地域金融機関に勤める新入職員です。

ジョブローテーションで支店内の仕事を一通り覚える研修の真最中です。

今月から２カ月は受付、テラーの仕事をしています。いつも隣には指導をしてくれる先輩がいてくれ、わからないことがあるといろいろと教えてもらっていました。

ある日のこと、その日は休暇取得者がいたこと、N君もテラーの仕事を３週間経験し、慣れてきたこともあって１人で受付の仕事をしていました。

そこへあるお客さまが訪ねてきました。

「いらっしゃいませ。ご用件は何でしょうか」

「この先に200万円振り込んでほしい。現金はここにある」

「お客さま、何か身分を確認できるものはありませんか」

「振込みをするのに何で身分をいわなきゃいけない

んだ」

「法令で定められておりまして」

「わかった。でも、いまはもっていない。少し離れたところの駐車場の車の背広にある。これを振り込んでくれたら、すぐにもって来る。これは相手の会社が生きるか死ぬかの大事な金の一部なんだ。早く処理してくれ。遅れたら、その会社の社長がどうなるか知らないぞ」

N君は相手がちゃんとした身なりであり、それほど変な人ではないこと、事情が事情であることから、上司に相談しようとしましたが、あいにく上司は別のお客さまの対応中でした。

N君は自分の判断で処理しようと思いました。

「わかりました。すぐ処理します。身分がわかるものと引き換えに領収書をお渡しします」

「わかった」

N君は振込みを行い、そのお客さまを待ちました。

ちょっと待った！

このケースは、いわゆる犯罪収益移転防止法に違反するようなことになってしまったわけです。

現金振込みの場合、金額が10万円以上のときは本人確認をする必要があります。これは法令に基づくことであることは皆さんもご存じでしょう。

テロ資金の防止等、いわゆる「マネーローンダリング」を防ぐという国際的な取決めがベースにあるのです。

▶その後……

結局、そのお客さまは現れませんでした。

後日、N君は支店長に呼ばれました。

「先日200万円の振込みを扱ったね。覚えてるかな」

「はい……」

「どうやらその振込先口座は振り込め詐欺に使われていた口座らしいんだが、その時、依頼人の様子とか、何か気にならなかったかな」

「……」

では、どうすれば？

この場合はどのように対応したらよかったのでしょうか。

皆さんもお気づきでしょうが、やはり身分のわかる書類の提示をしっかりと受けてから振込みを受け付けることしかないのです。

「急いでいる」「大変なことになる」といったお客さまの気迫に負けてしまいそうなときは、すぐに「上司と相談します」「私の一存では判断できません」といって上司にかわってもらいましょう。

繰り返しですが、ルールは何か理由があるからルールとして存在しています。また、こうしたルールを遵守するための手順にも、理由があってそうした手順で業務をすることを定めているわけです。

「異例扱い」は皆さんの判断の範疇を超えている事柄です。絶対に自分１人で対応しないようにしてください。

この場合、相手にとっては振り込んでもらうことが大事で、領収書はどうでもよかったのです。

経験が浅い段階では「異例扱い」を自分で判断することは避けましょう。

振込金額が
100万円・・・
振込額が
10万円以上の
場合
本人確認が
必要なんです
え？そうなのかい？
身分確認が
できるものを
おもちでは
ございませんか？
うん
あるよ
家系図

14 現物管理

O君は金融機関に入って2年が経とうとしています。

いまは融資係として、おもに信用保証協会による保証付きの融資を担当しています。昨今の経済情勢を反映して、保証協会の保証付融資は件数が日に日にふえて、O君も大変忙しく業務をこなしていました。

ある日の朝、先輩から「ぼくの担当のお客さまが保証協会の融資関係書類をもって来るといっている。ついては、今日の午後1時にいらっしゃるからよろしく」といわれました。

「わかりました。午後1時ですね」

O君はそのことを予定表に記入しました。

午後1時、O君の周りは多くのお客さまでごった返していました。

朝に先輩からいわれたお客さまも来店しましたが、書類だけ受け取るだけで精いっぱい、あいさつもそこそこに帰ってもらいました。

その日の夜、O君は先輩からの紹介で来たお客さまの書類の処理をしようと思い、書類を入れてある引き出しをみました。ところが、書類がないのです。一生懸命探しましたが見つかりません。

上司に報告し、支店総動員で探しましたが、結局発見できませんでした。

たしかに忙しかったのですが、書類の置いた場所は覚えていたはずです。しかし書類はありません。

結局、お客さまのところに出向き、事情を説明し書類をもらい直しました。

本部と相談のうえどうにかお客さまの融資希望日までに融資を行うことができましたが、お客さまからは「銀行で書類がなくなるなんて」といわれてしまいました。

ちょっと待った！

金融機関に勤務しているとなかなかわかりませんが、金融機関の外にいる人たちからは「金融機関の人たちはちゃんとした人たち」といったことが一般的にいわれています（最近は金融機関における不祥事件が頻発しているので、信用・信頼も低下しているといわれていますが）。

では、この場合、金融機関によって書類をなくされてしまったお客さまはどう思ったでしょうか。

「まさか金融機関で書類がなくなるなんて、考えられない。金融機関なんだから、しっかり管理されているのでしょ。ましてや、支店のなかで」

これが金融機関と取引をしているお客さまがもつ、普通の感覚でしょう。

もう１つの問題点は、書類がなくなるということは、その書類に書いてある情報がどこかわからないところに行ってしまうということです。

たとえば、あなたが何か書類に「住所、氏名、年齢、職業、電話番号等」を記入したとしましょう。記入するときに「ここに書いたことは提出した先から別のところに行く」なんて考えないでしょう。

当然「提出した先でしっかり保管してくれる」ことを前提に記入していることと思います（気にしたことはあまりないと思いますが）。

しかし、この事例の場合は書類がなくなっています。つまり、その書類に記載されている情報そのものが「もれている」か、「もれていない」かもわからないということです。

この「わからない」状態がいちばんお客さまを不安にするのです。

▶その後……

「あれえ。O君、これはなんだね」

O君は上司から呼ばれました。

「君の日誌につづりこまれた計表の間から、こんなものが出てきたぞ」

それは、なくなったはずの融資関係書類でした。

では、どうすれば？

O君は日頃から整理整頓ができていたのでしょうか。

この場合、普通に考えれば「整理整頓」をして、収めるべきところにしっかりと収めておけばこのようなことは起こらなかったでしょう。

こうしたミスがよく発生しがちなのは、ある書類を収納しようとしているところに上司から声をかけられてしまったような場合です。

すぐに反応しなくてはならないと思い、書類をちゃんと収納せずに上司から指示されたことを行ってしまい、結局書類を紛失してしまっているのです。

この場合、「上司を待たせてはいけない」との思いがどうしても強くなるのはわからないではありませんが、上司だって５秒や10秒くらいなら待ってくれるのではないでしょうか。

業務に慣れるまでは特に、もちろん慣れてからも、一つひとつの業務を着実に最後までやってから、次の業務に移るようにしてください。

整理整頓をすると何かよいことがあるでしょうか。あります。個人情報の漏えいが起こりません。コンプライアンス違反にもなりません。

個人情報が漏えいした事件の原因としてよくあげられるのは、書類、情報が整理整頓されていないことだということを、皆さんはご存じですね。

まず自分の周りを整理する。そこからコンプライアンスを実践してみましょう。

コンプライアンスを実践することは、むずかしいことではありません。ごく当たり前のことを当たり前に、昔、両親や先生に「叱られた」ことを思い出してください。

書類がない？
仕方ない
支店全員で探そう
申し訳
ありません
ありました！
日付が昭和の
申込書・・・
これはαさんが
なくしたといっていた
伝票だわ
βさんが
探していた
請求書も
出てきました
・・・・

15 休日のセールス

Pさんは投資信託・保険等の販売を担当するファイナンシャル・プランナーです。

昨今の市場の影響を受けて、一生懸命にセールスするも思ったように営業成績が上がりません。

「やっぱり自分には向いていないのかな」。そんなことを思いながら、今日もセールスに飛び回っています。

ある日曜日、1人で来月の昇格試験の勉強をしていると携帯電話が突然鳴りました。大学時代の友人の甲子です。

「ねえ、あなた金融機関に就職したよね。実はうちの父が資産運用のことで相談があるらしいの。一度家に来てくれないかしら。でも、父は日曜日しか家にいないの。来ることできるかしら」

「わかった。来週でいいかしら」

「うん。ありがとう。来週待っているね」

次の日曜日、Pさんは甲子の自宅を訪問しました。

そこでびっくりしました。話を聞いていると、甲子のお父さんは大変な資産家であることがわかったのです。また、話のなかで、翌日には海外に長期出張に出かけてしまうとのことでした。

「Ｐさん、あなたの説明は大変よくわかった。娘の友人ということもあり人物もわかっている、信頼もおけそうだ。ついては、今日ここで君のいった投資信託についてリスク分散の意味で、とりあえず2,000万円購入したいのだが。先ほどお話したように私は明日から当面日本にいない。そこで今日ここで申込みできないか」

その時、Ｐさんは案内書とともに申込書ももっていました。なかなか営業成績の上がらないＰさんにとっては願ってもないチャンスです。すでに自分の金融機関の他の支店で預金取引はあるようです。

「わかりました。ここで申込書を書いていただけますか。正式な預かり証といったものは明日会社で作成し、お届けします」

思いがけないところで、営業をすることができ、今期の目標をクリアできました。

翌日、すべての処理を月曜日付で行いました。当然のことながらその金融機関ではＰさんは月曜日にそのお客さまのところにお邪魔して作成したものと認識しました。

ちょっと待った！

この事例の何が問題なのでしょうか。

皆さんも営業目標達成のためにご家族、親戚、友達に営業を行う場合があるでしょう。

このケースでは、友達の父親がお客さまです。一般的には家族・親戚よりもそのつながりは薄いものです。

当然、Ｐさんは適切なセールストークで金融商品の販売を行ったことと思います。その点は問題があるとは思えません。

問題は日曜日に営業行為を行っていることです。ただし、日曜日に営業を行ってはいけないといっているのではありません。

日曜日は金融機関としての営業は行っていません。休日に営業を行う場合はそれ相応の手続が定めてあるはずです。その手続に従って対応すべきものです。

かりに上司・自金融機関に正式な報告等を行わないとどうなるでしょうか。

事故等、何も起こらなければあなたがお客さまのところに行ったことはお客さまがおっしゃらなければわかることはありません。

でも、①帰り道で交通事故に遭う、②預かった通帳・現金・支払請求書等の盗難に遭うといったことになった場合、金融機関はちゃんと助けてくれるでしょうか。

ひょっとして「それらのこと（休日に金融商品の営業に行って、販売行為を行う）は休日に金融機関に正式に報告等がなされていない以上、その責任は「個人」に帰するものであること。そうであれば、金融機関としては関与しない。したがって、損失等の責任はすべて「個人」の問題である」として、対応してくれないことも否定できません（実際にはなんらかの対応はしてくれることと思いますが）。

▶その後……

書類の回付後、事務方の担当者からＰさんは呼び止められました。

「同意書、申込書の日付が昨日になってるよ。コレ、訂正印か差替えが必要だね。いずれにしても今日の処理はムリだよ」

では、どうすれば？

金融機関によってその取扱い方はいろいろあると思いますが、いくつかの対応方法があったと思います。

① 自分の金融機関に休日に営業する旨の届出を行い、正式な業務（営業）として業務を行うのです。当然のこと

ながらこの場合、所定の時間外労働に対して、賃金の支払がなされます。

② 支店に来店してもらう。この場合は当然休日の勤務にはならず、通常の業務の範囲内で対応することになります。

③ 上司に事情を話して、許可を得たうえで友人のお父さんの会社に平日出向く、あるいは外交（得意先）と一緒に訪問する。

こうした場合、「公人（金融機関の人間としての「自分」）」と「私人（公人ではない個人としての「自分」）」との区別がわかりにくくなり、場合によってはクロスオーバーしてしまうことによって、境界がはっきりしなくなり、コンプライアンスに対する認識が甘くなることがよくあります。

たとえば、「自分の知人だから、多少のことはいいだろう」「親族だから問題ないだろう」といった思いです。

したがって、自分の親族、友人等に対して金融機関の人間という立場で商品の販売等をする場合は、お客さまに接する場合以上に慎重な対応が求められることがあるということを認識してください。

今日は
日曜日だが
大丈夫
なのかね？
必要書類は月曜日の
日付にしましたので
大丈夫ですよ
やっぱり
日曜日まで
仕事をするのは
疲れるわ
う～ん
昨日の
疲れが
とれない～
Pです
今日代休を
とりますので
よろしく
火曜日
この書類は月曜日の
日付だけど
月曜日は君は
代休だったよね

16 受取帳

Q君は外交係になって半年が経とうとしています。

これまではとにかくがむしゃらに「仕事を覚える」「お客さまの信頼に応える」ことを念頭に仕事を行ってきました。

その成果は着実に表れつつありました。

その日もいつものように外交活動に出かけようとしたところ、融資担当の管理職から呼び止められました。

「Q君、先日君が作成した審議書だが」といっていろいろと内容を修正するように指示がありました。

その指示事項を優先したため、外出するのがいつもより30分遅くなってしまいました。

いつもはちゃんと準備をしてから外出するのですが、その日はこうしたことから最低限の準備しかできませんでした。

お客さまのところを数件訪問したところでQ君ははたと気づきました。

「受取帳を使い切ってしまう。このままではお客さまとの約束の時間に伺えない」

しかし、「支店に帰るのも面倒だ」とそのままお客さまのところに訪問することにしました。

そして、あるお客さまのところでとうとう受取帳を使い切ってしまいました。

Q君はそれでもお客さまのところを訪問し、もっていた自分の名刺に預かった通帳等の記載をしてそれをお客さまにお渡ししました。

なんとか、午前の外交活動を終えたQ君は受取帳のことはだれにも話をせず、いろいろと言い訳をしてお客さまからお預かりしたものを処理していきました。

つまり、支店に帰ってからだれもみていないところで受取帳を作成し、本来お客さまへ渡す「預かり証」を廃棄していたのです。

「別にだれにも迷惑をかけているわけではないのでよいのでは」「特に問題もなく処理できたからよいのでは」「お客さまには自分の名刺に預かったものをちゃんと書いて渡してある。筆跡をみれば自分の書いた字とだれでもわかる」

「何かあっても問題はない」とQ君は自分を納得させてしまったのです。

ちょっと待った！

これは、そもそも「受取帳」をなぜ使用するか、その理由がわかっていればこのような考え方にはならないのではないでしょうか。

前にも述べましたが、金融機関はメーカー等と違い、「モノ」をつくって販売し、そこから利益を得ているわけではありません。

人によっては「命」の次に大事な「お金」を預かり、そのお金を他のお客さまに貸し付けることでその利鞘が利益となっているのです。

つまり、金融機関は「お金」を仲介する企業活動を行っているのです。

お客さまはどこのだれかわからない「ヒト」に自分の「お金」（財産といってもよいでしょうか）を預けたり（渡したり）しません。

金融機関としての信用・信頼があるから、つまり「○○銀行だから（預けてもちゃんと入金してくれるだろう）」「△△信用金庫の××さんだから（こちらのお願いしたことをちゃんと処理してくれるのだろう）」「□□信用組合さんにある自分のお金は大丈夫だろう（どこかにいってなくなることはないだろう）」といった思いがあるからなのです。

では、振り返って「受取帳」はなぜ必要なのでしょうか。信用・信頼がある金融機関の職員も人間なので勘違いはあります。また、現金の授受は「その場限り」といわれます。後で「現金があった」「現金はなかった」といっても問題の解決になりません。

信用・信頼がある意味で「絶対」である銀行にとっても、お客さまにとっても、確認を行い、後日トラブルとなることを防ぐ意味があるのです。

お客さまのなかには「そんな堅いこといわないで。あなたを信用しているから、そのままでいいわよ」という人もいるかもしれません。

しかし、よく考えてください。トラブルというのは後々、時間が相当経ってから起こるのです。

「私はたしかに100万円渡した。けれど、入金になったのは99万円。１万円なくなったのはあなたが盗んだのよ」といわれたとき、あなたはどうしますか。そのときあなたの身の潔白を証明するものの１つが「受取帳」なのです。

▶その後……

後日、外出から戻ったＱ君が上司に呼び止められました。

「Ｑ君、お客さまからお預かりしてきたものをみせてくれないか。受取帳もね」

「はい。でも……」

「君の外出中に、お客さまが君を訪ねて来たよ。これを返し忘れたからと、届けにね」

上司の手には「○○をお預かりしました」と書かれたQ君の名刺がありました。

では、どうすれば？

まず、「支店に帰るのが面倒」ということが問題です。

自分で「使い切ってしまう」と認識した時点で「受取帳をとりに帰って、今日のスケジュールをどうするか」を考え、訪問の重要性を認識し、訪問スケジュールを変更するなどの対応を行う必要があったのではないでしょうか。

あるいは、受取帳をとりに帰った段階で上司に相談するといったことも考えられたでしょう。

いずれにしても「受取帳」を使わなかったときのおそろしさをあらためて認識しましょう。

へっくしゅん
う〜〜
ティッシュ
ティッシュ
あれ？
名刺しかない
仕方ない
揉んで
やわらかくして
名刺は
正しく
使いましょう
ずびー

17 休日のトラブル

Ｓ君はある金融機関に勤める誠実な融資マンです。

ある土曜日、その地区の繁華街に高校時代の友人と飲食に出かけました。それなりに盛り上がって帰ろうとしたところ、前から来た人にぶつかってしまいました。

「すみません」。友人が謝りましたが先方は怒り心頭です。

「すみませんですむか」といって押し問答となり、結局その場では収まりませんでした。

「ここに連絡してこい。連絡がなければ……」と名刺を渡され、Ｓ君たちは自分の名刺を取り上げられてしまいました。

「大したことはない。別に何も起こらないだろう」と皆で思いつつ、酔った勢いでもあり、たいして深く考えませんでしたし、そのことをだれにも話しませんでした。

それから、２週間が経ったある日、Ｓ君を訪ねて支店に知らない人物がやってきました。

「どなたですか」

「お忘れですか。先日ぶつかった者の友人です」

思い出しました。

「実は先日あなたたちとぶつかった者が後日医者の診断を受けたところ、肩を骨折しているということがわかりました。あなたの立場もあるでしょうから表ざたにはしません。ついては、50万円で示談ということでいかがですか」といって、医師の診断書のコピーを提示してきました。

S君は考えました。「これは自分が休日に友人たちと飲んだことが原因であり、会社は関係ない。また、会社に迷惑をかけてもいけない。自分でなんとかしなくては」。結局だれにも相談せずに、自分１人で判断して50万円を支払ってしまったのです。

ちょっと待った！

なさそうでありそうな話です。S君がお金をとられるようになった原因は仕事上の問題ではなく、プライベートの問題に端を発しています。そのためS君には「これはあくまで自分個人の問題であり、会社は関係ない」との思いがどこかにあったのでしょう。

そのとおりです。しかし、支店に見知らぬ人がやってくる、支店に電話をかけてくる、あるいはＳ君の携帯に電話をかけてくる（携帯に電話をかけてくれば当然自席をはずすことが多くなり、業務に支障が発生しかねません）といったことを、そうした事実を知らない人が見聞きしたらどのように感じるでしょうか。

「Ｓさんなんか変ね」「なんか顔色悪いね」「突然知らない人がＳさんのところに来るようになったけど何かあるのかな」などいろいろなことをいわれるようになるでしょう。当然のことながらこうした話はいずれ上司や支店長の知るところになります。

▶その後……

それからです。月次に治療費の請求が来るようになったのは。もう自分では払うことができなくなりました。

Ｓ君は「いまさら上司、両親に相談できない」と、１人で悩むことが多くなり、仕事上のミスもふえていきました。

とうとうＳ君は支店の金庫のお金に手をつけ……。

では、どうすれば？

まず自分から現状について勇気をもって上司に話をしましょう。

かりにいまのままであればお金をとられ、最終的にはお金のために不祥事件を起こしかねない状況にもなりかねません。

１人で考えても限界があります。プライベートなことが原因ですが、現実、職場で行う業務に支障をきたしかねないのであれば職場の問題としてとらえることもできるのではないでしょうか。一時的には恥ずかしいかもしれませんが、長い人生それはほんの瞬間です。皆で考えれば何か解決策は導き出されるものです。

何かあったら信頼できる上司に相談してください。そういう上司がいなければ、各金融機関が設置しているカウンセラーや人事部門に相談してみることも１つの方法です(最適なのは家族、親族ではないかと思います)。１人で抱え込まないこと。これが重要です。

おっと
気をつけろ
すみません
肩の骨が
折れたぞ
すみませんで
すむか
治療代よこせ
そんな持合せ
ありません
それなら連絡先が
わかる名刺を出せ
はい
警視庁捜査
S本
!!
こんな時のために
つくったんだ
それはそれで
まずいんじゃないか？
今回は
見逃してやらぁ

18 稟議書の印鑑

Ｔ君は会社に入って２年目の職員です。

今日も元気にお客さまのところに行ってきました。

いま自分の机で担当先の融資に係る稟議書の再作成を行っています。

昨日、稟議書を提出したのですが、融資の担当役席からほとんど原形をとどめないくらい手直しが入って戻されました。

「面倒くさいな。融資の期限もせまっているし。支店長の決裁でできる融資だから、そんなに細かいことまで書かなくてもいいじゃないか」

そう思うとなかなか筆が進みません。

時間だけが経過していきます。

どうにか稟議書を書き終え、自分の上司の印鑑をもらってから、融資の役席のところに行きました。

机をみると融資の役席の判子が無造作に置いてあります。

「あれ、どうして判子が出ているのだろう」と思いつつ、周りをみると融資の役席の机のほうをみている人はいません。皆お客さまの対応で精いっぱいです。
「また、いろいろといわれるのも面倒。この判子さえ押してもらえれば書き直しもないし、仕事も楽になる。お客さまにもいい顔ができる」と思い、融資役席の判子を黙って押して、支店長の席に置いてしまいました。

ちょっと待った！

日本の会社、特に金融機関は「印鑑」がないと書類は進んでいきません。書類が進まなければ物事は進みません。そのため「支店長の印鑑さえあれば」「上司の印鑑さえあれば」と思うこともあるかもしれません。

だからといって上司の判子を黙って使ってしまうのは、立派なコンプライアンス違反事案です。

▶その後……

「T君、こっちに来てくれ」。支店長・融資役席から声がかかります。
「この稟議書なんだが……。おれ、みてないと思うけど」と役席。
「印鑑がある以上、ご覧になったのでは」

T君は嘘をいってしまいました。

そこで支店長がいいました。「いや、役席印の押し方がいつもと違うんでね、おかしいと思ってね。いつもは、こう、もっと斜めなんだよな」

では、どうすれば？

ここでもよく考えましょう。

そもそも書類に判子を押す（押されている）のはどうしてでしょうか。その印鑑には「みた」「読んだ」「理解した」「承認した」いろいろな意味が込められています。また、印鑑には「責任の明確化」といった面もあります。さらに、支店長ともなればその印鑑には「決裁」という意味が付加されてきます（「決裁」には「責任」という意味が裏腹にあります）。

判子をしっかり管理しない管理職にも問題はありますが、他人の判子を不正使用することは明らかな「コンプライアンス違反」、それも重大な違反の１つです。何がいけないのかは皆さんがよくわかっていることと思います。

かりにこうしたことを行えば、大変厳しい処罰が待っていることを肝に銘じましょう。

稟議書の
確認を
お願いします
この説明は
違うぞ
あ・・・
ごしごし
ぐしゃっ
ちょっと
一息・・・
あ・・・
つるん
ばしゃ
内容が原形を
とどめない修正に
なることは
覚悟してたけど
ごめん
ごめん
ボロッ

19 承　認　印

Uさんは入行3年目。預金の担当になってすでに2年が経ち、仕事も大半のことを覚えました。

今日もいつものように明るい笑顔で仕事を始めました。いつも頼りにしている先輩が休暇のため、役席者と2人で仕事を進めなくてはいけません。

「Uさん、この口座の解約をお願い」

テラーの声が響きます。

「はい」

依頼された書類に不備はなさそうです。

「ところで役席者は」とみると、ATMのトラブル対応で忙しそうです。

「Uさん、何しているの。お客さまがお待ちなのよ」

ベテランのテラーから声が飛んできます。

「困ったな、どうしよう」。困惑していると役席者が戻ってきました。

「△△代理、お願いします」「いま、忙しいからもう少し後」

といって営業場から消えてしまいました。

「Uさん」
ベテランテラーの声がまた大きくなりました。
「別に普通の解約処理だから、私の判断でオペレーションしても問題ないわ」と思い、役席者の承認印をもらわずに、勝手にオペレーションしてしまいました。
「後で説明すれば問題ない。印鑑は後でも」
そして何食わぬ顔で解約処理をして、お客さまに返却しました。

ちょっと待った！

「印鑑なんて」と思う前に考えましょう。
なぜ役席者の印鑑が必要か。どうして自分１人でしてはいけないのか。
まず、自分１人では完全にチェックしたつもりでも、見過ごしていることもあります。
また、金融機関においてオペレーション（操作）を間違えると重大な事故につながるということです。
次に、あなたはそもそもこうしたオペレーションを１人で行う「権限」も「責任」も、もともともっていないということです。
かりに、そのオペレーションが間違っていたら、あなたは責任をとることができますか。会社内ではそれでもよいでしょう。でも、世間は許してくれません。会社・上司には「監督責任」というものがあるからです。

「管理者の給料が高いのは責任をとるためだから」というのであれば、だれもあなたの仕事を助けてくれないでしょう。なぜなら、上司はあなたの仕事上のミスで大きな事件・事故に巻き込まれたくないと思うからです。

「ルールは必要があるから規定されている」場合がほとんどです。

まず、ルールを遵守することを最初に考えましょう。

▶その後……

「△△代理、先ほどのお客さま、お急ぎだったので……」

とUさんは承認印を受けに行きました。

「さっきのか。仕方がないな。あ……。解約って、このお客さんだったの？　まずいな……」

「え」

「支店長からいわれてたんだよ。トラブル先で、解約に来るかもしれないから、そのときは呼んでくれと」

では、どうすれば？

ベテランのテラーの人からどういわれても「△△代理の承認がまだです」と言い続ければよかったのです。「お客さま待ってるじゃない」といわれても「ルールじゃないですか」といってみましょう。

当然、臨機応変ということが必要なケースもありますが、まずは「ルールを遵守」し「その背景」を理解することから始めましょう。

Uさん！
早くしてよ
でも
役席者は
いないし
役席
先輩
失敗したら
マイナス査定
明細
逆らえばいじめ
う〜ん
はいっ
ただいま　いますぐ
早急に

第3章

横　　領

20 集金したお金

入行（庫）２年目のＡ君はいつものようにお客さまを訪問し、現金や定期預金の継続の手続のための書類を預かりました。

その途中、突然雨が降ってきました。

「困ったな。ちょうどお昼だし、昼食の後もう１軒回って支店に帰ればその頃には雨もやむだろう」

そこで、次のお客さまの家の近くにあるレストランに入りました。

「ランチください」。オーダーをとりにきたウェイトレスに注文し、その後すぐランチが運ばれてきました。

「おいしそう」。Ａ君はあっという間に食べてしまい、食後のコーヒーを飲み、午後の業務のことを考えたり、携帯のメールをチェックしたりしていました。

「そろそろお客さまのところに行く時間だ」。そう思い、レジに行きました。

「750円です」と店の人にいわれて、ふと思い出しました。

「しまった。今日、お金もってなかったんだ。店を出る前にATM行かなきゃと思いながら、朝の準備ですっかり忘れていた」。困ったA君は思い切って聞きました。

「クレジットカードで支払できますか」

「当店ではクレジットカードの取扱いはしていません」

困ったA君は「どうしよう」と思いつつ、ある考えが思い浮かびました。

「先ほど集金したお客さまのお金がカバンのなかにある。1時間後には店に戻って、自分の現金をATMから引き出して、穴埋めすればどうせ同じこと。別に問題ない。現金に色はないからわからない。よし、そこからお金を出してとりあえず払っておこう……」

お預かりした現金が入っている集金袋を開けました。そして現金を取り出し払ってしまいました。

ちょっと待った！

これはれっきとした「犯罪」です。「刑法」の「横領罪」「業務上横領罪」に当たります。

集金した現金はあくまで「お預かり」しているものであり、自分の現金ではありません。たしかにお金に色はありません。だからといって、金融機関に勤める者として、そうした考え・行いではお客さまから「信用・信頼」を得ることはむずかしいでしょう。金融機関で勤めあげることすらむずかしいかもしれません。なぜなら「自己の現金」と「お客さまの現金」とを混同し、繰り返しそうした行いをしてしまうと、時間の経過とともに本当に両者の区別がつかなくなり、最後には不祥事件を発生させてしまうケースが多いからです。

ちなみに、こうした行為は、「横領」と判断されれば5年以下、「業務上横領」と判断されれば10年以下の懲役（刑務所に入ること）となります。おそろしいと思いませんか。

▶その後……

昼食後、A君は支店に帰る途中で自動車にひかれ、救急車で病院に運ばれました。

病院には支店長が飛んで来てくれて、かわりに手続をすべくA君の営業カバンを支店にもって帰りました。そこで支店長は目を疑いました。

「あれ、伝票と現金が一致しない。現金が足りない。もしかして……」

では、どうすれば？

お金が手元にないこと、まず、その事実を認識しましょう。事実を認識することが大事です。

そのうえで、正直に事実を話しましょう。たとえば以下のことをすればよいのです。

① 自分の支店に電話して、上司に来てもらう。

② お店の人に事情を説明して、相応の対応をしてもらう。

場合によっては、上司からお店の人に事情を説明してもらえるかもしれません。基本はよくいわれる「報告・連絡・相談」を会社の上司に対して行うことです。

「恥ずかしい」かもしれませんが、一時的なことです。繰り返しになりますが「お客さまのお金」は「あなたのお金」ではありません。

「ランチ」で警察、刑務所には行きたくないですよね。

さてと
会計を
すませて・・・
あ！
財布を
忘れた
警察呼びます?
すみません
すみません
かわりに
皿洗いでも
なんでも
しますから
うまい
まかないを作って
おいたので
よかったらどうぞ
手際が
いいなぁ
次の日
A君は転職した
なぜか
スカウト
されちゃって

21 支店の文房具

社会人になりたてのB君。金融機関の支店では珍しいものばかり。いろいろと先輩方から教えてもらうことばかりです。

今日もいろいろと教えてもらっています。

先輩に「総務担当者の甲さんのところに行ってボールペンと消しゴムをもらってきてください」といわれました。

さっそく、甲さんのところに行くと忙しそうに何か計算をしていました。「その奥の机の2番目の引き出しにあるからもって行っていいよ」といわれました。

B君はびっくりしました。そこには、ボールペンなど多くの文房具のほか、日常生活で使うありとあらゆるものがたくさんありました。

「わあ、すごい。こんな数の文房具はこれまでお店以外でみたことがない」と思いながら、先輩のところに戻りました。

ある日のこと。学生時代の友人から「今度フリーマーケットに出店するけど、Bも一度やりたいっていってたよね。よかったら一緒にお店を出さないか」と誘いのメールが来ました。

さっそく、売り物をそろえようと準備にかかったとき、ふと、先日の支店の光景が目に浮かびました。

「そうだ、あの文房具、売り物にならないかな。少しくらいならわからないだろう。それに、この間、間違って会社の文房具を家にもって帰っても何もいわれなかった。たぶん、文房具くらいで文句はいわないだろう。いくら数字にうるさいからって、そこまで貧乏な会社ではないはず」

翌日からＢ君は少しずつ会社の文房具を家にもって帰っていきました。

「ほら、だれも文句をいわない」

そのうちＢ君の行動はエスカレートしていきました。ついには、ありとあらゆる会社の備品や本来お客さまにお渡しする頒布品までもって帰るようになりました。だれの許可も得ずに。

ちょっと待った！

会社のものである文房具等をもって帰って返さない。それはれっきとした犯罪です。

会社にある文房具などの備品は会社のお金で皆のために

す。

「おかしいな。何かの間違いかな」。そう思ったものの、よくわからないため「そうだ上司に聞いてみよう」と思い、自分の上司に聞いてみました。

「昨日、そんな話なかったけど」。上司の言葉です。

Rさんは思いました。「おかしいな」。そんなことを思いつつ、通常の仕事に戻りました。

それからです。Rさんが頒布品をもって帰る先輩の行動をたびたび目にするようになったのは。

「いいのかな」と思いつつ、一度その先輩にそれとなく聞いてみました。

「私たち一生懸命働いているのに給料も上がらないから、それくらいいいわよ。みんなやっていることだし、副支店長だって会社のものをもって帰っているわよ。あなたもどうぞ」

先輩の言葉です。

「そうか、会社のものは自分で使っていいのか」

Rさんは会社に入った時の研修と実際が違うことを実感しました。

ちょっと待った！

Rさんはどうすればよかったのでしょうか。

その前にこの事例の何がいけないのでしょうか。ひょっとしたら別に悪いことではないのでしょうか。

この事例の場合、問題となるのはあらためて述べますが「公私の区別」がないことです。

会社の頒布品はあくまで会社のものであって、皆さんのものではないということです。

また、頒布品は金融機関に対して預金をしてもらったり、「投資信託」を購入してもらったりしたお客さまへのお礼であるわけです。

つまり金融機関としてお取引いただいたことに対する感謝の意を「粗品」「サービス品」といった目にみえるかたちで表しているわけです。

感謝の意を表すものを勝手に、それも自分の銀行となんらかの取引をしていないにもかかわらず、もって帰って行ってしまうのはどうでしょうか。

コンプライアンス上の問題であることは事実ですが、それ以前の問題ではないでしょうか。

銀行における公私の区別が重要であることはすでに述べました。業務上、金銭だけでなくその他のものについても公私の区別には十分留意すべきです。

ケースによっては懲戒処分にもなりかねません。

▶その後……

その数カ月後、Rさんの支店にコンプライアンス担当部による調査が入りました。

調査担当者は臨店してくるなり、こういいました。

「今回の調査は通常のものとは異なります。こちらの店の皆さんは頒布品をたくさん活用されているようですね。他店に比べて枯渇が、著しいようです。その一方で、投資信託などの販売実績は芳しくありませんね。そこで皆さんにヒアリングさせていただきます」

では、どうすれば？

こうした事案を発見した場合、まずどうすべきでしょうか。

まず、上司に相談すべきです。そのうえで然るべき適切な対応をしてもらうことです。先輩がやっているから自分もやっていいという理屈はありません。

かりに、相談した上司が適切な対応をしない。あるいは、上司がこうした行為を行っていた場合はどうしたらよいでしょうか。

その場合は「内部通報制度」を利用しましょう。「内部通報制度」は公益通報者保護法に基づくもので、金融機関であればなんらかのかたちで存在しています。

よく以下のようなことを聞きます。

「本当に秘密は守られるのか」

「匿名による通報も可と書いてあるが、犯人探しをされるのではないか」

「通報することで人事評価上不利益（出世が遅れる、ボーナスの額を下げられる）を被るのではないか」

「通報した上司からいじめられるのではないか」等

いろいろと不安になることと思います。

絶対にこうしたことが起こらないとは断定できませんが、こうした制度が法令に基づくものであることを考えればこのような心配ごとは起こりにくいのではないでしょうか。

ぜひ、自金融機関の内部通報制度がどんなものか知っておくべきでしょう。

なお、こうしたことが引き続き起こるようであれば、そのうち「公」「私」の区別がつかなくなり、ひいては「銀行のお金」も「お客さまのお金」も「自分のお金」も区別がつかなくなり、最終的には横領等不祥事件に発展する可能性が大きくなるのです。

金融機関の職員にとって「公」と「私」との区別は他の企業以上に厳しく求められるのです。

あ　先輩
保管室
あっそれは
お客さま用の
頒布品の
そんなに
いっぱい
いいのよ 給料も
上がらないん
だから
このくらい
みんな
やってるわよ
・・・・・・
冷凍食品は
どうでしょう
薬が
いいです
みんな今回は
すごく気合が
はいってるね
議題
今年の頒布品
1. 化粧品
2. トイレット
ペーパー
ホテルの
食事券
とか
酒!!

23 出張精算

Ｖ君は融資係になって２年になります。

いつものように仕事をしていると、支店長から呼ばれました。

「忙しいところ申し訳ない。甲商事さんの担保評価の洗替えなのだが、当金融機関は甲商事さんの東京支店の土地と建物を担保にしている。この辺りの不動産担保であれば、関係会社に不動産評価を依頼するのだが、東京は評価地域対象外となっている。今度の金曜日に出張扱いで担保調査に行ってくれないか。皆、期末で忙しいので」

「わかりました。でも、支店長、この住所だと、東京といっても相当郊外です。日帰りで出張するのはむずかしいのではないでしょうか」

「そうであれば、宿泊代も出るから」といってもらえました。

「わかりました。余裕をみて、担保調査をした日は東京で１泊して翌日に出勤します」

そして東京へ出張し、担保調査を終えました。

「これからであれば、今日中に帰れる」と思い、東京駅に向かっていた電車のなかで、領収書が入った袋を拾いました。
「だれだろう、こんなところに捨てるのは。ちゃんとゴミ箱に捨てろよ」と思いつつ、なかをみてみると日付の入っていないホテルの領収書が数枚出てきました。
「これ捨てたのかな、落としたのかな。でも何で日付の入っていない領収書なんだろう」
そこでふと思いつきました。
「そうだ、この領収書を使えば宿泊したことにして、宿泊費を会社からもらえる」
それからは躊躇しませんでした。
結局、V君はその日のうちに帰宅するも、会社には宿泊したことにして拾った領収書を使って宿泊費を請求したのです。
「ちょっとしたお小遣いになった」
V君は少しリッチな気分になりました。

ちょっと待った！

コンプライアンス違反、法令違反です。
してもいない業務に関して金銭を受け取るなど、ましてや偶然とはいえ、領収書を悪用するなどもってのほかです。

これは刑法上の「横領」に該当するのではないでしょうか。お金のために嘘をついているのです。

▶その後……

数日後、支店長会議から帰ってきた支店長はＶ君を呼び止めました。

「Ｖ君、○○支店の支店長が感心してたよ。Ｖ君を、先日東京駅でみたって。「大変だね」と。彼は取引先の工場に行ったところで、同じ電車だったらしい。大変夜遅くに到着したそうだね……。それ、この前の担保調査だよねえ」

では、どうすれば？

すべて正直に「日帰りで調査を行うことができました」といえばよいのです。

実際宿泊していないのに「宿泊しました」というときの気持ちはどんなものでしょうか。

少しも気持ちよいものではないはずです。

また、繰り返しになりますが、こうした事案が発覚した場合、ほとんどのケースで懲戒処分が下されています。

数万円、数千円のために職を棒に振りますか。

繰り返し述べます。金融機関の業務は「信用・信頼」が基礎です。それはお客さまに対してだけではなく、自分に対しても実践していくことが必要なのです。

今日は
宿泊
出張と
聞きました
ご苦労
さまです
いえ
いえ
では
さっそく
この書類・・・
あっ
どサッ
失礼
しました
枕が変わると
眠れないので
持参しました

24 身上報告

W君は金融機関に入ってすぐに結婚しました。夫人も働いている、いわゆる共働きでした。

ところが、2年くらい前から夫婦間のけんかが絶えず、半年前に別居、そして昨日、離婚届に判子を押して、今日提出することになっています。

「こんなこと会社にいえない。どうせ離婚の場合は本人がいわないとわからない」と思い、特に会社にはいわないでおきました。

その後、総務担当の女性から「家族記録票の訂正があれば申し出てください」といわれても、離婚前の状態であるように装いました。

ある日、家族の扶養手当の更改の書類が回覧されてきました。

「専業主婦等である場合は会社から扶養手当が出ます」

「そうか、おれのところは共働きだったから気にも留めていなかったけど」

そう、離婚したいま、専業主婦ということにすれば扶養手当がもらえるのです。

W君は早速「妻は現在では専業主婦」と嘘の申告をして会社から数万円をもらおうと思いました。

「慰謝料の支払で蓄えもない。少しくらいならいいだろう」と、特に罪悪感もなく、申告すると、翌月から会社が扶養手当を支払ってくれるようになりました。

「なんだ、簡単なことじゃないか」

それ以降、引き続き黙っていました。離婚もこの嘘も。

ちょっと待った！

これも「横領」です。

父親が死亡したにもかかわらず年金を受け取っていたとして、その亡くなった方の息子が逮捕されたという事件が報道されたことがあります。

それと同じです。

▶その後……

ある日支店長が朝礼でいいました。

「これからみんなのところに家庭訪問させていただ

く。いろいろと都合もあるだろうから、予定を教えてほしい」

では、どうすれば？

たしかに「離婚」というのはいいづらいと思います。

でもいつかは会社にわかることです。いつまでも隠し続けることができるものではありません。

「いいにくいことこそ、まずいおう」「結局わかるのであれば、早いにこしたことはない」

会社において、あらゆる場面でいえることです。

ましてや、いいにくいことをいわず、それを悪用するなどもってのほかです。

会社の制度を利用するときに悪用する。これも立派なコンプライアンス違反になるのです。

離婚届
別居まではよかったけどさすがに離婚となると会社にいわないわけにはいかないだろうな
仲人の部長にもいいにくいし同僚の手前もあるしなぁ・・・
だまってりゃわからないか
わかるわよ!!
総務課
元妻
あ
やっぱり？

最　後　に

社会人になると、学生時代と違い、いろいろな面で戸惑うことと思います。

また、将来のこと、会社のこと、人間関係のこと、いろいろな面で悩むことが多いと思います。

これまでに記載した事例はいずれも実際に起こりそうなことをもとにしています。こうしたことはいつになっても変わらないことです。

でも、皆さんの先輩方もいろいろと悩みながらこうした問題に対処されてきたことと思います。

皆さんが乗り越えられないことはないと思います。

よく「金融機関にとって大事なことは何か」といった質問に「信用と信頼」という答えが返ってきます。

「信用と信頼」の基礎は何でしょうか。それは「誠実に」「嘘をつかない」ということではないでしょうか。

皆さんが「誠実に」「嘘をつかない」ことが「信用と信頼」を成り立たせているのです。

もし、自分がコンプライアンス違反を起こしそうになったら、「家族や友人にどういえばいいのか、迷惑はかからないのか、自分の行動を堂々と胸を張って人に言えるか」ゆっくり考えてみてください。

それがコンプライアンスを実践することになるのです。

[著者紹介]

宇佐美　豊（うさみ　ゆたか）

十六銀行コンプライアンス統括部・法務室長

1986年明治大学経営学部卒。同年東海銀行（現三菱東京UFJ銀行）入行、国内営業店勤務の後、融資第二部、融資管理部、資産監査部、業務監査部各調査役、UFJ銀行内部監査部調査役、三菱東京UFJ銀行監査部業務監査室上席調査役を経て2006年3月退職。同年4月十六銀行入行、リスク統括部、コンプライアンス統括部各主任調査役を経て2012年4月から現職。

著書として、『改訂金融検査マニュアル下の内部管理態勢Q&A』（共著）『よくわかる金融内部監査』『よくわかる金融機関の不祥事件対策』（共著）（以上、金融財政事情研究会）

KINZAIバリュー叢書

ゼロからわかる コンプライアンス

平成25年6月27日　第1刷発行

著　者　宇佐美　豊
発行者　倉　田　勲
印刷所　三松堂印刷株式会社

〒160-8520　東京都新宿区南元町19
発　行　所　**一般社団法人 金融財政事情研究会**
編　集　部　TEL 03(3355)2251　FAX 03(3357)7416
販　　　売　**株式会社 き ん ざ い**
販売受付　TEL 03(3358)2891　FAX 03(3358)0037
URL http://www.kinzai.jp/

ISBN978-4-322-12182-7